구원의 여신 이난나

구원의 여신 이난나

2023년 4월 13일 초판 1쇄

지은이	실비아 브린튼 페레라
옮긴이	김유빈
펴낸곳	도서출판 달을 긷는 우물
등록	2023년 02월 20일 제 838-06-02216호
주소	경기도 과천시 관문로 92 힐스테이트 과천중앙 101동 1621호
전화	02-6012-3319
e-mail	souyou67@gmail.com
홈페이지	https://blog.naver.com/puitsdelalune
ISBN	979-11-91335-05-7
값	14,000 원

Sylvia Brinton Perera
DESCENT TO THE GODDESS

Copyright © 1981 by Sylvia Brinton Perera.
All rights reserved.

INNER CITY BOOKS
21 Milroy Cres.,Toronto, ON M1C 4B6, Canada

Korean translation copyright © 2023 by Editions Le Puits de la Lune

이 책의 한국어판 저작권은 Inner CIty Books와 독점 계약한 도서출판 달을 긷는 우물 에 있습니다. 저작권법에 의하여 한국 내에서 보호를 받는 저작물이므로 무단 전재 및 복제를 금합니다.

구원의 여신 이난나

실비아 브린튼 페레라 지음
김유빈 옮김

달을 긷는 우물

역자 서문

실비아 브린튼 페레라^{S. B. Perera}는 래드클리프^{Radcliffe} 대학에서 미술사를 공부한 다음 뉴욕의 융 연구원^{C. G Jung Institute}에서 융분석가 과정을 마쳐서 융학파 분석가가 되는 한편 융 연구원의 교수가 되었으며, 현재도 뉴욕과 버몬트에서 정신분석가로 활동하고 있다. 페레라는 이 책 이외에도 『희생양 콤플렉스』, 『켈트 여왕 메이브와 중독』 등 주로 여성의 심리에 관한 책을 집필하여 많은 독자들의 사랑을 받았다. 이 책의 주제가 되는 "여신의 하강" 역시 어머니와의 관계에서 여성의 모성 콤플렉스가 형성되고, 그것을 극복하는 과정을 그렸는데, 여신의 하강은 하늘, 즉 정신, 사고, 이성과 같은 남성적 가치에만 몰두하는 정신이 하부 세계, 즉 몸, 본능, 감정 등 여성적인 가치로 내려가서 고난을 경험하고 새로운 모습을 하고 다시 돌아와 전체성을 이루는 것을 말한다.

가부장제에서 억압된 어머니가 자녀들, 특히 딸에게 무서운 어머니, 용, 마녀가 되어 부정적인 영향을 미치고, 그 딸은 다시 여성적 가치를 무시하고 남성적 가치를 추구하다가 정신적 고통을 받다가 여성성을 회복하는 것을 여신 이난나가 지하세계에 갔다가 부활하는 신화를 통해서 보여주는 것이다. 사실 우리가 사는 세계에서 언제부터인가 여성(성)을 부정하고, 거부하며 여성의 힘을 약화시키려고 하는 것도 사실일 것이다. 그래서 지금 한국 사회는 이념, 세대의 갈등에 더해서 젠더 갈등의 골이 깊어지고 남성과 여성들 사이에 분노와 혐오가 만연되어 있다. 그 가운데서 여성들은 더욱더 남성적인 가치를 추구하며, 성공한

"아버지의 딸"이 되려고 노력한다. 그러나 음양이 조화를 이루지 못하고 한쪽만 일방적으로 발달한 사회와 개인은 결국 그 자신으로 있지 못하고, 특히 여성의 경우 "발목에서부터 대지와의 관계가 끊긴" 채 살아간다. 아버지나 가부장적 문화와 동일시하며 사는 그녀는 초자아의 "~해야 한다", "~이어야 한다"만 따르는 삶, 자신의 여성성의 대지로부터 소외된 삶을 살면서 원인 모르는 신체적이거나 정신적 질환을 앓는다.

그래서 이 책에서 저자는 이난나 여신과 비슷한 (하강) 여행을 한 여성들의 사례를 들면서 시공을 초월하는 인간 정신의 원형적인 변환 과정을 설명하고, 여성들이 여신에게로 되돌아가야 하는 이유, 하계 여행을 떠나야 하는 이유를 이해시킨다. 우리는 일곱 개의 문에서 자신이 걸친 모든 의복과 장식을 내려놓고 끝내 죽음을 맞이하고 다시 살아나 되돌아 온 여신처럼 자신의 무의식으로 내려가 지금까지 짊어지고 있었던 아버지(가부장제)의 딸로서의 정체성을 내려놓고 해체의 고통과 죽음을 경험해야만 전체성을 이룬 온전한 자기로 되돌아 올 수 있는 것이다. 여성성, 여신의 힘과 가능성은 너무 오랜 시간 동안 하계에 유배된 채 우리를 기다리고 있다. 부디 이 책이 무한한 잠재력을 가진 이 힘과 가능성을 되찾기 위한 입문 여행에 조금이라도 도움이 되기를 바란다.

2023년 4월 10일
김유빈.

차례

역자 서문 / 3

서론 / 11

1장 하강과 귀환
 이난나 이슈타르와 에레쉬키갈의 신화 / 13
 가부장제의 딸들 / 16
 신화의 네 가지 관점 / 18

2장 위와 아래: 여성성의 자질
 이난나 여신 / 22
 어둠의 여신 에레쉬키갈 / 29
 에레쉬키갈의 특성 / 30
 자연적인 합법성 / 34
 에레쉬키갈의 분석적 경험 / 35
 가부장제로부터 거부된 에레쉬키갈 / 40
 죽음의 눈의 객관성 / 41

3장 고통과 따로 서기
 고통: 무의식과 의식 / 48
 에레쉬키갈의 말뚝: 고정하고 육화하다 / 51
 에레쉬키갈의 말뚝: 분리할 수 있는 여성적 힘 / 54

4장 대극적인 여신: 두 자매
 대극적인 여신 / 60

어머니나 자매와의 근친상간 / 64

5장 하강, 희생, 혁신
　　하강 / 69
　　이난나의 죽음-결혼 / 73
　　희생과 에너지의 교환 / 74
　　통제된 치료적 회귀로서의 하강 / 78

6장 벗겨짐과 문을 통과하기
　　벗겨짐 / 81
　　출입문들 / 84

7장 증언과 지혜의 탐구
　　닌슈부르 / 86
　　잘못된 원천의 탐색 / 88
　　달의 신 / 89

8장 공감적-창조적 의식
　　엔키: 물, 지혜, 창조성의 신 / 92
　　어둠의 여신을 반영하는 인물들 / 95
　　안과 밖 / 98
　　치료사의 수호자로서의 엔키 / 100

9장 귀환과 그 대가: 희생양이 된 연인
　　이난나의 귀환-억압의 회귀 / 104
　　대리 희생 / 106

두무지 / 108

10장 균형의 조정: 과정의 수용
   하나의 용해: 변화의 지혜 / 114
   또 다른 용해: 이난나의 회한과 에너지의 재균형 / 116
   세 번째 용해: 두무지의 누이 게슈티난나 / 118
   요약 / 126

주석 / 127
참고문헌 / 138
찾아보기 / 142

서론

여성적 근원과 영spirit 안에서의 쇄신을 위해서 여신에게 되돌아가는 것은 현대 여성들의 전체성wholeness의 탐색에서 굉장히 중요한 측면이다. 우리 '성공'한 여성들은 대개 "아버지의 딸들", 즉 남성중심적 사회에 잘 적응한 여성들로서 문화가 그 대부분을 불구로 만들거나 폄하해 온 우리의 완전한 여성적 본능과 에너지 형식을 거부해 왔다. 그래서 우리는 가부장제가 흔히 위협으로 취급하며 끔찍한 어머니, 용, 또는 마녀[1]로 묘사했던 것들로 되돌아가서 그것들을 구속할redeem 필요가 있다.

남성과 여성 모두의 가부장적 자아는 자신의 본능을 단련하고 분투하며 전진하는 영웅적인 태도를 갖추기 위하여 여신을 향한 본격적인 외경심으로부터 도망쳤다. 그렇지 않으면 그녀를 죽이려 들거나 적어도 토막내어 약화시키려고 하였다. 그러나 음양의 조화를 이룬 새롭게 개성화하는individuating 자아가 그의 모체matrix를 찾고, 육화되고 유연한 힘이 활성화되고 민감해져서 그것의 입장을 지키면서도 여전히 다른 것들과 공감하며 지낼 수 있도록 하기 위해서 바로 그녀, 특히 그녀의 문화적으로 억압된 측면들과 지하계적이고chthonic 혼돈에 빠진 피할 수 없는 깊이로 되돌아가야 한다.

이러한 귀환을 흔히 여성이 발달 유형의 한 부분으로 보는데, 에리히 노이만은 이것을 가부장적 우로보로스와 가부장적 배우자[2]에 의해 어머니로부터 떨어져 나온 후의 자기Self(전체성의 원형이자 인격의 조절 중심-역자 주)와의 재연결이라고 불렀다. 그러나 아드리엔 리치는

다수의 우리들을 대변하며 다음과 같이 말한다. "내가 나의 어머니라고 불러야 했던 여성은 내가 태어나기 전까지 침묵해야 했다."³ 불행하게도 너무 많은 현대 여성들은 애초에 어머니에 의해 양육되지 않았다. 그 대신 초자아superego의 '해야 한다'와 '이어야 한다'로 채워진 —한 여성의 표현에 의하면 "대지와의 관계가 발목에서부터 끊긴" —관념적이고 집단적인 권위의 어려운 가정에서 자라왔다. 그렇지 않으면 자신을 아버지와 그들의 가부장적 문화와 동일시하여, 자신의 여성적인 바탕과 그들이 흔히 약하거나 자신과 무관하다고 여겼던 개인적인 어머니로부터 스스로를 소외시켜왔다.⁴ 그러한 여성들이야말로 여신을 그녀의 태고의 현실 속에서 만나야 할 필요가 더욱더 있다.

이러한 내적 연결은 서구 세계의 대부분의 현대 여성들에게 필수적인 입문과정이다. 우리는 그것 없이는 온전하지 않다. 그 과정은 가부장제의 영적인 딸로서의 우리의 정체성을 희생하고 여신의 정신spirit으로의 하강을 요구한다. 왜냐하면 너무 많은 여성의 힘과 열정이 오천 년 동안, 추방당한 채 하부 세계에 잠들어 있기 때문이다.

이난나가 하강할 때의 내용 절반이 적혀 있는 명패
(Hilpret Collection, University of Jena)

1장 하강과 귀환

이난나 이슈타르와 에레쉬키갈의 신화

여신과 여신으로의 하강에 관해서 말하는 많은 신화와 설화들이 있다. 그 예로 일본의 이자나미, 그리스의 코레-페르세포네, 로마의 프시케, 그리고 마더 훌다나 바바 야가 또는 과자로 만든 집의 마녀와 만나는 동화 속의 여주인공들의 이야기를 들 수 있다. 이 주제를 다루는 가장 오래된 것으로 알려진 신화는 기원전 삼천 년경에 점토판에 기록된 것으로 (그러나 아마 훨씬 더 오래전, 문자 사용 이전의 시대까지 거슬러 올라갈 수도 있을 것이다) 보통 수메르의 하늘과 땅의 여왕인 "이난나Inanna의 하강"이 있다.[5] 이후에 이것을 근거로 하지만 각색돼서 우리에게 "이슈타르의 하강"으로 알려진 두 개의 아카디아 이본(異本)이 발견되었다.[6]

수메르의 시(詩)에서 이난나는 하계로 내려갈 결심을 한다. 그녀는 "가장 높은 하늘에서 지상의 가장 깊은 곳으로 내려가기로 마음을 정하고"[7] "하늘을 버리고, 지상을 버리며" 명계로 내려갔다."[8] 이때 그녀는 예방책으로 그녀가 신뢰하는 시녀 닌슈부르Ninshubur에게 자신이 삼일 이내에 돌아오지 않을 경우 아버지 신들에게 도움을 요청하라고 지시했다.

명계로 가는 첫 번째 문에서 제지를 당한 이난나는 자신을 밝힐 것을 요구받는다. 문지기는 위대한 하계Great Below의 여왕 에레쉬키갈

Ereshkigal에게 "태양이 솟아오르는 곳, 하늘의 여왕" 이난나가 에레쉬키 갈의 남편 구갈안나Gugalanna의 장례식에 참석하기 위하여 "돌아올 수 없는 땅"으로 들어가기를 요청한다고 알린다. 격분한 에레쉬키갈은 상계의 여신에게도 자신의 왕국에 들어오는 모든 사람이 따라야 하는 법과 의례를 적용할 것을 명하였다. 그것은 그녀가 "벌거벗고, 몸을 낮추며" 들어와야 할 것을 뜻한다.

명령을 받든 문지기는 일곱 개의 문에서 이난나의 예복을 하나씩 벗긴다. 이난나는 수메르인들이 무덤에 눕혀질 때처럼 "쭈그리고 벌거벗겨진 채" 일곱 명의 재판관들에게 심판받는다. 에레쉬키갈이 그녀를 죽인다. 그녀의 시체는 말뚝에 걸리고, 푸르스름하게 썩어가는 고깃덩어리로 변한다. 삼일이 지나도 이난나가 돌아오지 않자 닌슈부르는 여신이 지시한대로 애도의 북소리와 곡소리로 사람들과 신들을 깨웠다.

닌슈부르는 하늘과 땅의 최고 신인 엔릴과 달의 신이자 이난나의 아버지인 난나를 찾아간다. 두 신 모두 하계의 일에 끼어들 것을 거부한다. 마침내 닌슈부르의 간청을 들은 물과 지혜의 신 엔키가 그의 손톱 밑의 때로 문상객을 창조하여 이난나를 구출한다. 그들은 엔키가 제공한 생명의 음식과 물을 들고 명계에 들키지 않고 들어가, 죽은 자로 인해 아니면 그녀 자신의 출산의 고통으로 인해 신음하는 에레쉬키갈에게 위로를 전하여 이난나를 안전하게 구출한다. 그들의 공감에 매우 감동한 그녀는 마침내 이난나의 시신을 넘긴다. 되살아난 이난나는 그녀의 죽음을 대신할 대리인을 보내야 한다는 것을 떠올리게 된다. 희생제물을 잡아올 악마 무리는 그녀가 일곱 개의 문으로 통과하고 자신의 예복을 요구할 때마다 그녀를 둘러싼다.

신화의 마지막 부분은 그녀를 대신할 사람을 찾는 내용을 다룬다. 이난나는 자신의 죽음을 애도한 사람은 그 어느 누구도 악마에게 넘겨주지 않는다. 그러다가 이난나는 그의 왕좌에 편안하게 앉아 있는 그녀의 배우자 (나중에 탐무즈라고 불리는) 두무지와 마주친다. 이난나는 에레쉬키갈이 자신에게 내렸던 것과 같은 죽음의 눈으로 그를 바라보고, 악마들이 그를 붙잡는다. 두무지는 태양의 신이자 이난나와 남매지간인 우투의 도움으로 달아난다. 우투는 그를 피신시키기 위하여 그를 뱀으로 변신시킨다. 이것과 관련된 시에서 자신의 몰락에 대한 꿈을 꾼 두무지는 그의 누이 게슈티난나를 방문한다. 그의 꿈을 해석하는데 도움을 준 그녀는 그에게 도망칠 것을 재촉한다. 탈출이 무산되자, 그녀는 그를 보호하다 결국 그를 대신하여 희생할 것을 제안한다. 이난나는 그들이 운명을 나누어 가지게 하여, 그들이 각자 하계에서 반년씩 지낼 것을 명한다. 시의 마지막은 다음과 같은 문구로 끝난다.

> 이난나는 두무지를 영원의 손에 맡긴다.
> 성스러운 에레쉬키갈! 당신의 찬양은 달콤하여라![10]

이 신화와 이난나, 에레쉬키갈, 게슈티난나 여신은 내가 1973년에 크레이머의 번역을 접한 이후 나에게 줄곧 감동을 주었고 또 나를 인도하였다. 나는 위대한 여신이 아직 '살아 있던' 시대의 이 매우 오래된 자료와 연결됨으로써 내가 원형적인 여성성의 본능이 정신 유형과 맺는 연결의 일부를 되찾을 수 있다는 것을 발견하였다.

나는 이 이야기들이 수메르인들에게 정확히 어떤 의미를 지녔는지는 모르지만, 그들은 하나의 우주적 패턴을 지니고 있었다. 그것은 천문학적이고 계절에 따라 움직이며 변환적이고 심리적인 패턴이다. 그리고 그것들은 내가 나 자신과 여성 친구들과 동료들, 그리고 나와 함께 치료 작업을 하는 어머니로부터 양육되지 못한 여성들 안에 있는 심리적 상처의 치료 방법을 모색할 때 영사막projection screen의 역할을 해주었다. 가부장제 아래서 자란 우리는 모두 비슷한 문제들로 인해 괴로워한다. 내가 사용할 임상 자료는 나와 나의 친구들, 나의 분석자analysand들의 꿈과 경험들로부터 나온 것들이다.

가부장제의 딸들

자기 원형이 제일 먼저 배열되는 대상인 어머니와의 관계가 좋지 않은 여성은 특히 아버지나 사랑하는 남성을 통해서 자기 자신을 실현시키고자 한다. 이 여성이야말로 누군가가 말했듯, "어떤 어머니라도 딸이 깊은 낭떠러지 아래로 떨어졌을 때 슬퍼하거나 그녀를 받아내려고 할 것이라는 말을 믿지 못하기 때문에" 데메테르-코레 신화에서 별다른 의미를 발견하지 못할 여성이다. 그녀는 남성의 영역에서 치열한 경험을 했을지 모르지만, 자아-자기 연결이 충분히 안정적이지 못하다. 어떤 환자는 분석 작업 초기에 거의 성명서를 발표하듯 이렇게 말했다.

> 돌보는 것은 남성의 역할입니다. 여성으로부터 나온 것은 나를 분노하게 만듭니다. 이 세계를 책임지는 것은 남성입니다. 여성은 그 다음입니다. 나는 터널과 칼리Kali, 나의 어머니와 여성인 몸을 증오합니다. 내가 원하는 것은 남성입니다.

이와 같이 말한 사람은 우수했지만 박사 논문을 작성하는 데 어려움을 겪어서 치료를 시작하게 된 젊은 여성이었다.

문제는 여성과의 관계에서 큰 상처를 입은 우리가 대개 상당히 성공적인 페르조나를 가지고 있다는 것, 즉 공적인 이미지가 좋다는 점이다. 우리는 내가 "아니무스-자아"라고 부르는 것을 가진 온순하고 대체로 지적인 가부장제의 딸로 자라났다. 우리는 가부장적 초자아가 우리에게 제시한 미덕과 미적 이상을 지키기 위해 노력하지만, 그것이 요구하는 완벽의 기준을 충족시키는데 실패하거나 적어도 그 기준을 낮추는 것에 실패했을 때 자기혐오와 깊은 개인적 모멸과 좌절감에 빠진다.

10년 이상 융 정신분석을 받은 한 여성은 최근에 나에게 "저는 수 년 동안 제가 한번도 가져보지 못한 것 — 참자아 — 을 절대시하지 않으려고 노력했어요"라고 말했다. 그리고 실제로 그녀는 외부 세계와 무의식을 연결해주는 자아는 없는 채 아니무스-자아만 가지고 있었다. 그녀의 정체성은 그녀의 아니무스가 '이어야 한다'고 말하는 것에 맞춘 페르조나에 기반을 둔 것이었기 때문에 그녀는 자신에게 드리워진 투사를 따르거나 거역하였다. 이렇게 그녀에게는 자신의 핵심적인 정체성, 즉 자신의 여성적 가치와 입장에 대한 감각이 거의 없었는데, 서양에서 여성의 미덕은 착하고 양육적인 어머니와 아내, 다정하고 유순하며 상냥한 딸, 온화하고 지지적이거나, 명석하고 성취 지향적인 배우자과 같이 남성과 맺는 관계를 기반으로 규정되는 경우가 너무 많기 때문이다. 많은 여성주의 작가들이 대대로 진술했듯이, 이 집단적 모델과 그것이 유도하는 행동방식은 삶에 적합하지 않다. 우리는 우리의 할머니들이 어떤 이상(理想)에 부합하기 위하여 온전하게 호흡하는 그녀들의 몸을 코르셋으로 조이면서 기형적으로 변모시켰듯이 우리의 영혼을 그 집단적 모델 안에 욱여넣으며 스스로를 훼손하고, 우리의 가능성을 약화시키며, 침묵시키고 격앙시킨다.[11]

또한 우리는 우리가 눈에 보이지 않는 존재같다는 느낌을 받는다. 우리의 전체성과 다양성을 반영할 만한 살아있는 상(像)이 없기 때문이다. 여성의 완전한 신비와 가능성을 제시하고 개인적인 삶의 모델을 제공하는 상징을 어디서 찾아야 할까? 후대의 그리스 여신들, 중재자 동정녀 마리아는 이난나-에레쉬키갈, 칼리, 그리고 이시스처럼 나의 핵심에 닿지 못했다.[12] 자기^{Self}로서의 여신상은 전면적인 통일성을 가질 필요가 있다. 그래서 나는 그리스 여신들을 하나의 전체성 패턴의 일면으로 보아야 했고 그녀들의 이야기 속에 숨겨진 어두운 힘, 예를 들면 아테나의 고르곤적인 측면과 저승의 아프로디테-우라니아나 검은 데메테르 등을 언제나 주시해야 했다.

이난나의 이야기에서와 다른 초기 수메르와 셈족, 이집트 문헌에서조차 여성의 고유한 힘이 "강등되었다"는 증거가 있다. 크레이머가 말한 것처럼 "수메르의 만신전에서 가장 높은 자리에 있었던 여신들은 남성 신학자들에 의해서 점점 강등되었으며 그들의 권력은 남성 신들에게 넘어갔다."13 이것은 윤리적인 개념적 분별을 가진 이성적이고 지적인 아폴로의 신적인 좌뇌 의식이 태어나고 발달할 수 있도록 하였다.14

이것은 본래의 창조주 여신이 다양한 면모로 분화-해체되었다는 것을 의미한다. 수메르에서 바다의 여신 남무Nammu는 여러 다양한 신들을 낳았고, 땅은 "에레쉬키갈이 쿠르kur(황량하고 사막과도 같은 낯선 장소를 가리키는 단어)가 그랬던 것처럼" 하늘에서 끌려 내려왔다. 글쓰기의 신이 여성이었음에도 불구하고 고대 수메르에서는 이 이야기가 쓰일 무렵 이미 여신 원형의 원형적 분할과 힘의 약화가 일어났다.

위대한 여신은 지상 세계와 지하 세계의 측면을 포함하는 다양한 방식으로 분할되었다. 따라서 창조적 전체성의 감각을 회복하고 또 삶의 리듬감 있는 상호 작용을 이해하기 위해서는 두 지역 모두를 지나갈 필요가 있다. 천국의 여왕 이난나는 아마도 이 여정을 겪은 것으로 기록된 첫 번째 입문자였을 것이다.

신화의 네 가지 관점

이난나의 에레쉬키갈로의 하강과 그녀로부터의 귀환은 적어도 네 가지 관점에서 살펴볼 수 있게 한다. 첫째, 이것은 자연의 순환적인 질서를 묘사하는 이미지 역할을 한다: 계절과 생장, 줄어들었다가 다시 차는 곳간,[16] 발효되며 변화하는 곡물과 포도, 그리고 행성 이난나(금성)의 모양의 변화다. 이 행성은 저녁별로 250일, 아침별로 236일 동안 하늘에 머문 다음 밤의 반대편에 떠오르기 전까지 일정 기간 동안 태양의 앞이나 뒤로 모습을 감추면서 지평선 아래로 내려간 것처럼 보인다.

둘째, 이것은 신비 속으로 들어가는 입문과정에 관한 이야기이다. 나중에 이난나-이슈타르의 문이라고 불리는 저승으로 드나드는 문이 있다. 저승 세계를 인식하고자 하는 여행자들은 이 문을 통과하라는 조언을 받는다.[17] 그러므로 이난나의 길과 그 단계는 삶을 향상시키는 어둠의 여신의 심연으로의 하강과 거기에서 다시 나오는 패러다임을 제시한다고 볼 수 있다. 이난나는 우리에게 길을 보여주며, 깊은 여성적 지혜와 속죄를 위하여 자기 자신을 희생한 첫 존재이다. 그녀는 하강하고 순종하며 죽는다. 이와 같은 행동의 개방성은 초개인성과 마주한 인간 영혼의 경험의 본질이다.[18] 그것은 수동적으로 따라가는 것이 아니라 적극적으로 받아들이겠다는 의지를 바탕으로 한다.

서양 비전(秘傳)의 신비로운 전통에서 입문과정은 다양한 의식 consciousness의 방식을 탐구하고, 목표 지향적인 발달로 인해 필연적으로 잃어버릴 수 밖에 없는 자연과 우주와의 통합의 경험을 재발견하는 것을 포함한다. 이러한 필요성은 – 그럴 운명을 타고난 이들에게 – 서양 세계가 잘 다듬어 놓은 지적인 "이차적 과정" 수준과 다른 의식 방식을 되찾기 위해서 깊이 들어갈 것을 요청한다. 그것은 우리를 황홀하고 변환적이고 정감이 가득 실린, 육화된 마술적 차원과 태곳적의 깊이로 내몬다. 이 깊이는 말 이전 preverbal, 흔히 이미지 이전 pre-image에 있으며 우리를 장악하고 중심에서부터 흔들어 놓을 수 있을 만큼 강력하다.

그 깊이에서 우리에게 하나의 우주적 힘에 대한 감각이 주어진다. 우리는 거기에서 감동을 받고 강력한 정감 affect을 통해서 살아있는 균형의 과정이 있다는 사실을 배운다. 의식적인 자아는 그 단계에서 열정과 신성한numinous 이미지에 압도당하고, 우리가 우리 자신으로 알고 있던 것이 흔들리며 심지어 파괴되어 새로운 패턴으로 다시 합쳐지고 뿜어져 일상의 삶으로 돌아온다. 그러한 여정은 남녀 모두에게 있어서 치료적 퇴행의 목표이자 입문 과정의 신비한 목표 및 마술에서 별들의 세계astral plane(요가에서 말하는 육체와 분리된 영적 세계-역자 주)의 목표이다. 이 여정에 대한 욕구는 최근에 떠오른 창의력의 심리학에 대한 관심과 인간 발달의 초기인 전 오이디푸스기와 그 병리에 대한 관심을 자극한다.

이러한 의식 수준과의 연결은 자기Self의 지상적인 측면을 그것의 어둡고 이질적인 측면 아니면 변이상태altered-state의 측면을 위해 희생하고 그 측면에 도달하는 것을 수반한다. 그것은 더욱더 큰 깨달음을 가지고 다시 탄생하기를 바라면서 억압되고 미분화된 존재들을 위해 희생하는 것을 의미한다. 그리고 그 울림들과 함께 되돌아와 그것들을 정신-이성적인 통상적 서양 의식에 더하여 장 겝서Jean Gebser가 말한 통합의식integral consciousness을 형성하는 것을 의미한다.[19] 이러한 관점에서 이난나의 하강에 대한 이야기는 입문 의례의 계시이며, 오늘날 여성의 경험과 직접적으로 관련된다.

결과적으로 이 신화는 여성과 남성 모두 안에 있는 여성의 건강한 심리적인 패턴을 묘사한 것이기도 하다. 그것은 건강한 영혼의 성육신-상승이라는 리듬의 모델과, 치유를 촉진하는 과정을 제시한다. 융은 "영혼은 '별'로부터 나와서 별의 영역으로 돌아간다"고 말하였다.[20] 앞으로 보게 되겠지만 이난나의 하강은 시간과 부패하는 육체 안에 묶어둘 수 없는 우주적이고 억제할 수 없는 힘의 성육신incarnation으로 보일 수 있다. 하지만 그것은 오랫동안 억압되어 있던 가치를 되찾고 위와 아래를 새로운 유형으로 결합하기 위한 하강이기도 하다.

나는 이 신화에 의해 깊은 분석 과정으로 인도된 나를 자주 발견했는데, 그 이유는 물질과 여성에 대한 폄하로 인하여 뿌리에서부터 절단되는 상처를 입은 인격의 의식적인 이상理想이 ― 자아-이상 또는 비대하거나 초자아에 지배당하는 아니무스-자아라고 불릴 수 ― 세속적인 현실의 어두운 힘과 무의식에 어떻게 접근하는지를 신화적 유추를 통해서 보여주기 때문이다. 그것은 방어 기제와 페르조나와의 동일시를 천천히 벗겨내면서 일차적 과정인 시작 단계, 즉 부적절한 유형이 죽고 진실하고 검증되며 균형 잡힌 자아의 탄생이 우리를 기다리는 곳으로 통제된 퇴행을 한다. 또한 이 신화는 우리에게 어둡고 억압된 수준이 어떻게 자라고 의식적인 삶으로 들어와서 – 정동적인 격동과 슬픔을 통해 – 의식적인 에너지 유형이 근본적으로 바뀌는지를 보여준다.

마지막으로 이 이야기는 이 위태로운 시대에 서양 문화 안으로 귀환하는 여신의 힘이 우리에게 어떠한 방향성을 제시할 수도 있음을 시사한다. 여신이 사라졌을 때 척박해졌던 땅을 다시 비옥하게 만들었음에도 불구하고, 이난나의 하계로부터의 귀환은 처음에는 악마적이었다. 그러나 결국에는 남녀 사이의 동등한 동료관계의 새로운 모델을 만들어 냈다.(9장 참조).

우리의 행성은 이 신화 속 가부장제의 시작에 예견된 여신의 귀환이라는 국면을 지나는 중이다. 그러면서 신화는 여신의 하강, 그녀의 에너지와 상징의 배양의 상실과 거기에 뒤따르는 에레쉬키갈로 상징되는 힘의 후속적 회복을 강조한다. 여성이 계속해서 더욱더 억압되어 온 만큼, 그리고 그것이 하계에 너무 오랫동안 있었던 만큼 우리의 시대는 그 충만한 순환의 진가를 더 잘 알아볼 수 있을 것이다.

2장 위와 아래: 여성성의 자질

이난나 여신

여신 이난나(셈어로 이슈타르)는 단순한 모성 상을 넘는 여성에 대한 다양한 상징적 이미지와 전체성의 패턴을 나타낸다. 수메르의 다른 여신들로는 바다와 땅의 위대한 어머니들을 들 수 있다. 이난나는 자신의 예배에 고대 여신들의 쌍도끼 상징을 가져오면서, 땅과 하늘, 물질과 영spirit, 그릇과 빛, 세속의 부와 하늘의 인도를 결합한다. 아마도 그녀는 본래 곡물이나 곡식과 대추와 가축을 담는 그릇으로서 공동 창고와 관련이 있었을 것이다. 그녀의 가장 오래된 표징emblem 중에는 이러한 창고와 고리 모양의 옷 또는 (그녀의 창고를 닫는 장치로서의) 갈대 묶음이 있었고, 대추의 신은 그녀의 가장 오래된 신성한 신랑 가운데 하나였다.[21] 따라서 그녀는 데메테르와 케리드웬Ceriddwen처럼 비인격적인 다산성의 수호신이다.[22] 어떤 노래는 그녀가 자궁으로부터 곡식과 야채를 쏟아낸 것으로 전한다.[23]

또한 그녀는 초기부터 고대의 인장seal과 항아리에 별로 표시되었던 하늘의 여신이다. 그리고 다정한 비와 사나운 폭풍우과 홍수, 구름이 뒤덮인 하늘(거기에 걸린 구름은 그녀의 가슴이라고 불린다)의 여신, 하늘의 여왕이라고 불리며 고대 하늘의 신인 안An의 배우자로 일컬어지기도 한다. 또한 아주 오래전부터 아침과 저녁에 빛나는 불규칙한 별의 여신으로 생명을 깨우고 또 쉬게 하며, 경계 영역을 지배하고 그녀와 남매 관계인 태양의 신이나 아버지인 달의 신을 나타나게 하고 사라지게 만드는 여신이다. 그녀는 경계 영역이자 중간 영역을 나타내고, 또한 담을 수 없고 확실하며 안정적인 것으로 만들 수 없는 에너지를 나타낸다. 그녀는 밤과 같은 여성이 아니다. 오히려 그녀는 유연하고 장난기 많으며, 확실한 상태를 오래 유지하지 못하는 인간의 의식과 함께 하는, 모든 창조성과 변화와 기쁨과 의심이 자리하는 교차점으로서 전이transition와 경계border로서의 의식을 상징한다.

저녁별로서 그녀는 달이 새로 뜰 때 법정에 서서 신들의 탄원을 듣고 음악이 흐르고 피비린내 나는 격투가 함께 벌어지는 연회를 벌인다. 그녀는 문명화된 위의 세계의 질서, 원칙, 힘, 재능과 의례인 "메me"를 주장한다. 그리고 재판관으로서 그녀는 법정을 열어 "운명을 내리고" "복종하지 않는 자들을 짓밟는다." 이것은 변화하는 과정으로서의 삶의 의미와 함께 가는 감정 능력을 주기적으로 새롭게 평가하는 것을 상징한다.

땅과 그 땅의 풍요의 여왕으로서 그녀는 백성들의 목자로 선택된 필멸의 인간에게 왕권을 부여하고 그를 그녀의 침실과 왕좌(길가메시가 그녀의 정원에서 베어버린 세계나무로 만들어진)로 불러 환영한다.[24] 그녀는 자신의 배우자에게 왕좌, 홀scepter, 창모, 지팡이, 왕관을 주고 풍작과 즐거운 잠자리를 약속한다.

그러나 그녀는 전쟁의 여신이기도 하다. 전투는 "이난나의 춤"이며, 승리를 주는 그녀는 "바로 쏠 수 있는 화살, … 전투의 심장, …전사의 팔"이다.[25] 나중에 그리스의 아르테미스에게 부여된 야생의 본능의 에너지를 가진 아테나보다 더 열정적인 그녀는 어떤 찬가에서 "모든 것을 삼키는 … 힘 … 폭풍우와 같이 맹렬한" "경탄할 만한 얼굴을" 가진 "분노한 마음"으로 묘사된다.[26] 그리고 그녀는 자신의 영광과 용맹을 즐겁고 자유분방하게 노래한다: "하늘은 나의 것이고, 땅도 나의 것이다. 나는 전사이다. 나와 견줄 신이 있는가?"[27] "신들은 참새들이고, 나는 매이다. 아눈나키들(신들)은 느릿느릿 걷고, 나는 멋진 야생 소이다."[28] 한 신화에서 그녀는 쿠르^{kur}의 용을 무찌르고 죽인 것으로 나온다. 그녀의 반려동물은 사자로, 일곱 마리의 사자가 그녀의 전차를 끈다. 가끔 고대의 인장에서 전갈이 그녀와 함께 있는 것도 볼 수 있다.

똑같은 열정으로 그녀는 성적인 사랑의 여신이다. 그녀는 자기 치장과 욕망 그리고 성행위의 즐거움에 대해 황홀하게 노래한다. 그녀는 그녀의 사랑스러운 배우자, 즉 "나를 언제나 달콤하게 만드는"[29] 그녀의 "꿀 같은 남자"를 불러서 그녀의 "성스러운 무릎"으로 초대하여 신성한 결혼의 침대에서 그녀의 생명을 주는 애무와 그녀와의 성행위의 달콤함을 음미하게 한다. 아프로디테보다 더 외향적인 그녀는 갈망하고 빼앗으며, 욕망하고 파괴한 다음 비통해 하고 슬픔의 노래를 만든다. 그녀는 안에서부터 올라오는 욕망을 자주 느끼지 않지만, 필요한 것은 단호하게 요구하며 노래로 자신의 육체를 기린다. **그녀는 적극적으로 수용한다**. 그녀는 자신의 몸을 채울 것을 요구하고 자신의 음부를 찬양하며 두무지에게 그녀의 침대로 와서 "내 마음을 가져간 남자여, 나의 음부를 파헤쳐라"고 명령한다.[30] 이렇게 저녁별로 떠오른 그녀는 "술집에서 남성들을 상대로 호객 행위를 하는" 창부들의 여신이다. 그리고 하늘에서 그녀는 신들의 신부의 들러리이자 신전의 노예(고위 여사제이자 예식의 매춘부)로 불린다.

그녀는 또한 치유하는 자, 생명을 주는 자, 노래를 만드는 자이다. 그 노래에서 그녀는 생명을 낳고 모든 영역에서 창조적인 것으로 나온다. 그리고 정동적인 행동은 그녀에게 있는 면모로 여겨진다.

괴롭히고, 모욕하고, 조롱하고, 신성모독하고 – 그리고 숭배하는 것은 –
이난나, 너의 영역이다.

낙담, 재난, 가슴앓이 – 그리고 기쁨과 응원은 – 이난나, 너의 영역이다.
떨림, 두려움, 공포 – 그리고 눈부심과 영광은 – 이난나, 너의 영역이다. ...31

그녀에 대한 많은 시들은 그녀를 사랑하고, 질투하며, 슬퍼하고, 기뻐하며, 수줍고, 과시적이며, 절도하고, 열정적이며, 야심이 있고 관대한 것 등으로 묘사한다. 즉 모든 정감의 범위가 여신의 것이다.

이난나는 신들의 "딸"이자 "처녀"로 자주 묘사된다. 그리고 실제로 후대에 쓰여진 그녀에 대한 찬가에서 그녀가 어머니와 가깝고 즐거운 개인적 관계를 맺는 것으로 암시되었음에도 불구하고, 그녀는 아테나처럼 "아버지와의 유대에 의해 좌우되는" 것으로 비친다.32 그녀에게 두 명의 아들이 있고, 수메르의 왕과 백성들이 그녀의 후손이라고 일컬어짐에도 불구하고 그녀는 우리가 흔히 말하는 '어머니 같은motherly'것과 거리가 멀다. 아르테미스 여신과 마찬가지로 그녀는 "어머니다움과 처녀다움, 삶의 기쁨과 살인에 대한 강한 욕망, 다산과 동물성 사이의 경계-지역 중간에 있다."33 그녀는 전형적으로 긍정적인 어린아이puella이며 영원히 젊고 역동적이며 맹렬한, 육감적인 창부-처녀(에스더 하딩의 용어로 "그녀 자신 안에 하나"one-in-herself)이다. 그녀는 가부장제 아래 안착한 가정적인 아내나 어머니가 결코 아니다. 그녀는 연인, 젊은 신부, 미망인으로서 자신의 독립적인 입지와 매력을 지킨다. 그리고 아들들에게 있어 어머니-연인mother-lover 또한 아니다. 내가 생각하기에 그러한 역할과 개념은 여성이 힘을 잃고 자신의 능력과 가능성을 선망하는 남성 자손에게 투사하며 살았던 가부장제와 그 시대의 발명품이다.34

그러나 다산, 질서, 전쟁, 사랑, 하늘, 치유, 정동, 그리고 노래의 여신으로서의 그녀의 힘에도 불구하고, '무수히 많은 지위를 가진 여인과 여왕'이라는 칭호에도 불구하고 이난나는 방랑자이다. 그녀는 에레쉬키갈처럼 하늘의 2세대 신 엔릴에게 지위를 박탈당했다. 그녀의 뿌리는 가부장제 이전의 지층 깊숙이 자리 잡고 있지만 길가메시로 대변되는 가부장제의 관점에서 보면 이난나-이슈타르는 변덕스럽고 신뢰할 수 없으며, 그녀를 사랑하는 배우자들의 확실한 슬픔의 원인이다.[35] 따라서 처음에 그의 인간의 힘을 빌려주어 침대와 왕좌를 지었던 길가메시는 그녀로부터 등을 돌리고, 그녀의 힘을 차지하기 위해 땅의 여신을 부정하고 모욕한다. 한 노래에서 이난나는 엔릴에게 집을 잃은 슬픔을 한탄한다.

> 그가 실망으로 가득 채운 나 …
> 하늘의 여왕인 나를 그는 경악으로 가득 채웠다 …
> 나는 땅을 맴도는 여성 ― 나의 집이 어디인지 알려주오,
> 내가 머무를 도시가 어디인지 알려주오…
> 당신의 딸 … 신전의 노예 … 당신의 신부 들러리인 나에게…
> 나의 집이 어디인지 말해주오 …
> 새들에게는 둥지가 있지만, 나는, 나의 어린 것들은 뿔뿔이 흩어지고
> 물고기는 잔잔한 물 속에 거하지만, 나의 안식처는 없네
> 개는 문지방 옆에 눕지만, 나에게는 문지방이 없네 … [36]

이 노래는 에레크Erech에 있는 그녀의 본전(本殿)에 닥친 어떤 재난을 애도하기 위해 쓰였던 것일 것이다. 하지만 그 이상으로 이 노래는 아마 추방당한 여신이자 여성의 상황을 그린 가장 오래된 가슴 아픈 진술일 것이다. 가부장제에 의해 그들의 집에서 쫓겨난 이스라엘의 후기 바빌로니아 아내들처럼[37], 전-바빌로니아 시대의 위대한 여신도 추방을 경험하고 이를 노래한다. 실제로 가부장제의 딸로 살아가는 현대 여성들의 초기 분석 작업에서 가장 반복적으로 나오는 꿈의 주제 가운데 하나가 집을 찾는 것이다.

실제로, 수메르인들에게 이난나가 상징하던 대부분의 것들이 그때 이후 추방되었다. 지상 세계의 여신이 지녔던 대부분의 자질들은 서양 세계에서 비(非)신성화되었고, 남성 신격에게 빼앗기거나 아니면 가부장적인 윤리와 미적 규범에 의해서 지나치게 억압되거나 과도하게 이상화 되었다. 이와 같이 대다수의 그리스 여신들은 그들의 아버지들에게 삼켜지고, 히브리 여신들도 추방되었다. 우리는 특정화되거나 최소화된 여신들과 함께 남겨졌다. 그리고 여성의 삶에서 한때 여신이 가지고 있었던 힘의 대부분과의 연결이 끊겼다: 육화되고 장난기 많으며 열정적으로 에로틱한 여성성, 강력하고 독립적이며 자기-의지적인 여성, 야심 차고 당당하며 다면적인 여성성이 그것들이다.

여성들은 주로 스스로 개인적인 영역에서 매우 제한된 역할만 담당하면서 서양 문화의 주변부에 머물렀고 남성, 사회적 지위, 자녀 등에 자기 자신을 종속시키면서 권력과 열정에 대한 자신들의 욕구를 숨겼다.[38] 그렇게 그녀들은 과중한 부담을 지고 있는 남성들과 비교해 안전하고 부수적으로 살면서 자신들의 능력을 그들에게 투사하였고, 그것은 문화적으로 정당화되었다. 집단에서 여성에게 허용되던 행동은 여신의 규모가 축소됨에 따라 신성한 것과의 연결을 잃었다. 그리고 본래 윤리적 감수성을 주입하기 위해 필요했던 가부장적 초자아는 중세 시대의 야성적이고 부족적인tribal 정동을 훈련시키려는 기독교 교회의 제도에 의해 강화되어 점점 비대해졌다.[39] 공리주의와 빅토리아 시대 사조의 부상(浮上) 이후 지나치게 제약되고 억압돼온 삶의 에너지는 이제 분출되어야 하며, 다른 무엇보다도 여신을 다시 서양 문화 속으로 들여와야 한다.

위축된 여성의 기쁨은 단순한 경박함으로 폄하되었다. 그녀의 발랄한 성적 욕망은 음탕함으로 비하되거나 감상적이며, 모성애적인 것으로 치부되었고, 그녀의 생명력은 의무와 복종에 묶였다. 이러한 폄하는 기반이 없는 가부장제의 딸들을 양산하였고 그녀들의 여성적인 힘과 열정은 쪼개졌다. 그녀들의 꿈과 이상은 하늘과 땅의 여왕으로 상징되었던 본능적 패턴을 속이고 과장된 채 닿을 수 없는 하늘의 것으로 되었다. 그것은 또한 좌절된 분노를 낳았는데, 이난나가 가부장제의 억압 아래 있는 여성들 안에 무의식적으로 살아 있는 만큼, 너무 자주 악마적이기 때문이다. 자신의 집안 여자들을 아래와 같이 묘사한 준 해벅June Havoc은 약화되고 삐둘어진 여신의 패기만만한 에너지를 잘 그려낸다.

[우리] 집안의 모든 여자들은... 야망과 강인함, 그리고 강한 독립성을 공통적으로 가지고 있었다. 그녀들은 일찍 결혼하고 빠르게 이혼하였으며, 종국에는 술, 마약, 광기에 굴복했다. 그녀들은 완전한 자유를 원했지만 그 방법을 몰랐기 때문에 지독할 정도로 좌절했다. 그녀들에게 남자는 그저 편리한 존재였고, 그녀들은 사랑을 즐길 줄 몰랐다.[40]

그와 반면에, 고통받고 추방된 여성의 역할을 의식적으로 살아낸 이난나 여신은 현대 여성의 고통과 구원을 짊어질 수 있는 신의 이미지를 제시한다. 우리 가운데 많은 사람에게 기독교의 그리스도보다 더 가까운 존재인 그녀는 여성의 탐구[41]에 의미를 부여할 수 있는 원형적 패턴을 제안한다. 다시 말해서 남성적인 신과 관계를 맺을 수 없는 사람들에게 기독교 신화를 대체할 수 있는 패턴을 제안하는 것이다. 이난나의 고통, 탈의, 굴욕, 태형(笞刑), 죽음, 그녀의 하강의 단계들, 하계의 말뚝에 "못 박힘", 그리고 그녀의 부활은 모두 그리스도의 고난을 예고하며, 황무지를 구원하기 위해 죽음으로써 자신을 희생하는 신성의 최초의 원형적 이미지를 대표할 것이다. 이난나의 희생은 인간들의 죄를 위해서가 아니라, 생명과 재생에 대한 대지의 욕구 때문이다. 그녀는 선악보다는 삶에 더 관심을 가진다. 그럼에도 불구하고 그녀의 하강과 귀환은 우리 자신의 심리적-영적 여정의 모델을 제공한다.

또한 구세주에게 가해진 파괴적 행위가 단지 인간의 악의와 두려움의 산물이었던 그리스도의 이야기와 달리(그리하여 인간의 복수와 희생양의 유형을 확립한), 수메르인의 시에서 그것은 초인간적인 근원을 가지는 것으로 나온다. 그리고 이것은 우리를 이난나의 어두운 "자매"인 에레쉬키갈에 대한 고찰로 인도한다.

어둠의 여신 에레쉬키갈

이 신화의 또 다른 중요한 여신은 명계(冥界)와 죽은 자들의 여왕 에레쉬키갈이다. 그녀의 이름은 "위대한 지하의 여왕"이라는 뜻이다. 그러나 가부장적 의식의 밖에 있는 이질적인 곳인 쿠르로 밀려나기 전에 그녀는 지상에 살았던 곡식의 여신이었다.[42] 그러므로 그녀는 위에서는 곡식이 자라고 아래에서는 씨가 죽었다가 다시 싹이 트는 자연의 위대한 순환Great Round을 상징한다. 모계적인 의식에서 그녀는 서로 다른 형태의 에너지가 단순히 하나의 에너지의 변환으로 경험되는 연속체를 나타낸다. 가부장적인 의식에서 죽음은 삶의 강간이자 도덕적 질서로 최대한 제어되어야 하고, 멀리 해야 하는 두려운 폭력이다.

달의 신의 탄생 배경을 묘사한 신화에서 이 두 가지 관점은 나란히 나타난다. 지상 세계에서 에레쉬키갈은 곡물의 여신으로서 닌릴Ninlil이라 불리며 하늘의 신 엔릴Enlil(2세대 하늘의 신)의 아내이다. 닌릴은 다양한 모습으로 변장한 남편에게 반복적으로 강간당했는데[43], 신들은 어린 여신을 대신하여 그가 그녀에게 가한 폭력을 처벌하기 위해 그를 저승으로 보냈다. 배우자를 사랑했던 닌릴은 그를 따라 내려가, 에레쉬키갈로 알려지게 되었다. 엔릴은 하늘을 지배하는 신으로 계속 나왔지만 아마도 저승에서의 모습이었을 것이다. 제우스가 저승에서 하데스로 불렸던 것처럼,⁴⁴ 엔릴은 하강 신화의 구갈안나Gugalanna, 즉 위대한 하늘의 황소, 살해를 당한 에레쉬키갈의 남편일 것이다.

가부장제적인 관점에서 보면 여신의 강간은 의식적인 문화적 삶(그리고 아마도 농경문화까지도)에서 남성적 질서의 군림과 여성적 힘과 다산성의 지하세계로의 좌천을 의미할 것이다. 그리하여 신 안An이 하늘을 장악하고 엔릴이 땅을 점령하며 의식이 자라날 공간이 생겼을 때 "에레쉬키갈은 전리품처럼 위대한 지하에게 붙잡혔다."⁴⁵ 그러나 마술적-모계적 의식의 관점에서 여신은 전리품처럼 삶으로부터 축출되는 것이 아니고, 죽음 또한 강간이자 삶의 파괴가 아니다. 오히려 곡식이 추수자에게 그렇듯이, 여신이 그녀가 주관하는 과정에 자신을 기꺼이 내어주는 과정이다.⁴⁶

이난나의 하강을 기술한 시는 닌릴-에레쉬키갈의 첫 번째 강간이 달의 신인 난나-신Nanna-Sin의 탄생으로 이어졌다고 전한다. 지하계에서 태어난 그는 어둠을 밝히고, 달의 위상변화 주기를 통해 시간을 잴 수 있도록 한다. 난나-신은 사실 이난나의 아버지이고 또 태양신의 아버지이기도 하다. 따라서 그의 어머니 닌릴-에레쉬키갈은 가계도 상 이난나의 할머니로, 강간당하고 베어지면서도 여전히 열매를 맺는 태고의 여성의 한 단면이다. 가부장제에서 에레쉬키갈은 무서운 죽음의 상징이 되었고 지하계로 추방되었다. 그럼에도 불구하고 시의 본문은 그녀의 오래된 힘을 상기시키고, 마지막 행에서는 위대한 순환의 상징으로서 그녀를 알아가는 것에 따른 달콤함을 가르쳐준다.⁴⁷

에레쉬키갈의 특성

역설

첫 번째 경우를 제외한 다른 강간들의 결과 괴물들이 나왔다고 한다. 위대한 순환은 합리적인 질서와 통제에 중점을 둔 가부장적이고 영웅적인 세계관에 괴물과 같은 큰 혼돈을 안긴다. 에레쉬키갈은 분화된 의식을 거역한다. 그녀는 역설적이다: 그녀는 그릇이자 말뚝이다. 그녀는 모든 것의 뿌리로, 거기에는 비활성 상태의 에너지와 수면에 뙈리를 틀고 잠든 의식이 있다. 그녀는 잠재적인 생명의 움직임은 없지만 탄생의 고통 속에 놓여 있는 장소이다. 그리고 모든 언어와 그 구별 아래 있지만 여전히 판단하고 행동하는 장소이다. 그녀는 스스로 자신을 지하계로 추방하는 에너지이자 바라보기에 너무 두려운 것, 즉 원시적인 어린 시절의 경험과 달의 어둠, 대낮의 의식이 디디는 위험한 땅인 망각의 장소, 원시적인 모체matrix이다. 그리고 그녀는 고독과 쓰라림의 지혜를 지니고 있다. 그녀는 모든 것을 받아들이는 수용체이며 동시에 적에게 죽음을 안기는 필연적인 승자이다. 신화는 그녀가 모든 것이 의식의 지평 아래로 향하는 영역인 '돌아오지 않는 땅'을 지배할지라도 위에서 오는 제안도 수용할 수 있다는 점을 보여준다.

그녀의 강간은 페르세포네의 이야기와 유사한 면이 있지만 그녀의 이미지는 더 이른, 역설적인 힘의 원초적 형태를 보여주며 고르곤과 검은 데메트르의 측면, 즉 그녀의 힘과 두려움, 그녀의 머리 위에 있는 거머리들, 생명을 앗아가는 무시무시한 눈 그리고 무존재와 운명과의 친밀한 연결을 많이 가지고 있다. 그녀는 라피스 라줄리(짙은 푸른색의 돌--역자 주)로 만든 그녀의 집의 일곱 개의 문을 통과하여 들어오는 사람들을 맞이하는 일곱 명의 재판관과 함께 앉아[48] 명계의 규칙을 지키고 실행한다. 다른 신화에서 그녀의 배우자는 니나주Ninaju(치유의 군주)나 네르갈Nergal(역병과 전쟁, 죽음의 신)이다.[49]

태고의 정감

하강의 시에서 에레쉬키갈은 먼저 자신의 왕국을 침범한 이난나에게 분노한 것으로 묘사된다. 두 번째로는 적극적으로 파괴하는 것으로 묘사되고, 세 번째로는 고통 받는 것으로 묘사되며 마지막으로 감사하고 관대한 것으로 그려진다. 분노한 그녀의 얼굴은 노랗게 되고, 입술은 검게 된다.[50] 그녀는 자신의 허벅지를 강타하고 자신을 물어뜯는다.[51] 그녀는 이난나가 죽은 자들, 즉 자신의 종들을 일으켜 세워서 자신의 빵과 맥주를 빼앗고 죽은 자들에게 하듯이 자신에게 먼지와 물을 먹일 것을 염려한다.[52] 여기 그녀의 태고의 분노의 질적 특성이 있다. 그녀는 분노, 탐욕, 상실에 대한 두려움, 심지어 자책감으로 가득 차 있다. 그녀는 의식으로부터 쪼개진 태고의 본능성, 다시 말해서 하계의 욕구와 공격성을 상징한다. 그리고 그녀는 자신의 문지기, 즉 자신을 지킬 남성을 보내어 침입자를 상대하게 만든다.

이러한 이미지들은 분노, 탐욕, 심지어 아니무스의 분출과 같은 혼란스러운 방어적 분노가 원형적인 하계의 필연적 측면임을 암시한다. 그것들은 달갑지 않은 방문에 대한 무의식의 반응 방식이다. 우리는 콤플렉스가 드러났을 때 이러한 반응을 볼 수 있는데, 그 이유는 무의식 자체가 강력한 방어 기제들을 가지고 있기 때문이다. 신화에 따르면, 그것들은 위대한 여신의 일부이다. 우리는 이러한 강박적이고 무의식적인 에너지가 자아를 제압하는 것을 느낀다. 이와 같은 정감과 마주할 것을 요구받을 때 의식적 인격은 멈칫하고 당황하며 우월한 힘에 의해 산산조각나는 두려움을 느낀다. 그리고 종종 불안이나 분리 속으로 후퇴하고, 삶에서 유예된다. 그 에너지는 바로 이러할 때 의식의 차원에서 삶으로 들어와 사용될 수 있는, 숭배되어야 할 여신의 측면이다.

에너지

우리는 지하계에서 이난나에게 어떤 일이 일어나는가 하는 관점에서 볼 때, 에레쉬키갈이 상징하는 힘들을 적극적인 파괴뿐만 아니라 부패와 임신처럼 세포 하나 하나에서 이뤄지는 유기적 과정인 변환으로 생각할 수 있다. 그것은 수동적으로 이루어지고, 그 또는 그녀의 의지에 반하여 심지어 침입적으로 수용자를 가격한다. 그런 비인간적인 힘은 확고하고도 무자비하게 집어삼키고, 파괴하며, 품고, 낳는다(임신도 이렇게 느껴질 수 있다). 여기서 그 힘들은 이난나에게 작용해서 그녀를 동물적 물질 자체인 원초적 비활성 상태로 환원시킨다. 하지만 그 물질은 변화하는 물질, 즉 주어진 것에 수동적으로 복종하며 변화를 겪는 물질이다. 그것은 부패한다. 심리적으로 에레쉬키갈의 힘은 주로 — 적극적이고 추상적이며 가부장적인 로고스 의식의 관점에서 보면—부정적으로 느껴진다. 그때 그 힘들은 절망적이고 공허하며 으스러지고 무감각한 불모의 공허함이나 혼란을 가져온다.

우리가 그 안에 있을 때 에레쉬키갈의 왕국은 경계가 없고, 원시적이고 또 완전히 부주의하여 개인에게 해롭기까지 한 것으로 여겨진다. 그것은 우리가 블랙홀과 원소의 붕괴에 대한 연구뿐만 아니라 발효, 암, 부패, 그리고 연동운동, 월경, 임신, 그리고 우리가 따라야 하는 다른 형태의 육체적 생명을 조절하는 뇌 활동의 과정을 통해서 우리가 알기 시작하는 에너지를 포함하고 있다. 그것은 우주적 의지의 파괴적-변형적 측면이다. 에레쉬키갈은 시간과 고통을 통해 "그녀의 무차별적인 불로 무자비하게 ... 모든 구분을 ... 갈아 버리고도" 여전히 새 생명을 불어넣는 칼리와 같다.[53] 그녀는 모든 존재의 근원의 기반이며, 원천이자 끝인 심연을 상징적으로 나타낸다.

물질

또한 에레쉬키갈의 에너지들은 겉으로 보기에 정체되어 보이는 것, 그리고 우주의 원리로서 결합력 있는 물질의 견고함과 관련된 에너지들이다. 그것들은 물라다라 차크라*muladhara chakra*와 밀접하게 연관된 기본적이고 고정시키며 보존하고 기본이 되는 힘이다. 그 힘은 본능적으로 생존하려고 하며 기본적으로 일관성과 안전을 염려한다.54 여기서 에너지는 우주 에너지의 가장 느린 진동인 타성inertia처럼55 "정적인... 단단한 물질의 형태로 ... 잠든 채로 쉰다."

이러한 외관상의 정체는 미지의 어둠에서의 청결한 침례cleansing immersion의 가능성을 암시한다. 그리고 그 곳에 들어오는 사람들에게 엄청난 인내를 요구하는 용해dissolution와 느림을 암시하기도 한다. 에레쉬키갈의 왕국은 삶의 단 하나의 확실성, 즉 우리 모두 죽는다는 사실을 나타낸다. 그러나 바로 이 확실성 때문에 그녀는 삶의 의식이 누워 있는 채로 잠든 곳, 가장 미지이자 낯선 것의 현현(顯現)이다. 우리는 우리의 감각을 자극할만한 움직임이 매우 적을 때는 거의 의식하지 못한다. 우리는 직관의 어두운 측면, 물라다라 차크라의 후각으로 축소되어, 수동적으로 받아들이지만 육화된 구체적인 순간에 내재한 무한하고 영원한 잠재력으로 인도된다. 여기에는 타성과 근본적인 치유의 근원이 둘 다 있다. 그곳은 생존의 장소이고 땅과 바위의 견고한 시작의 장소이다. 그곳은 형성 단계에 있는 자기 ― 물질 속에 숨겨진 보석 ― 의 장소이자 휴식과 죽음으로 되돌아가는 활동의 종말의 장소이기도 하다.

자연적인 합법성

에레쉬키갈의 고관의 이름은 남타르Namtar, 즉 "운명"이다. 그녀의 왕국은 이전에 수메르의 하늘 신들도 따랐던 자체의 법도를 가진다. 그것은 "위대한 하계의 법칙", 즉 있는 그대로의 현실의 법칙인 윤리-이전의 자연스러운 법칙이다. 그것은 흔히 두렵고 언제나 가부장제의 초자아적 판단을 앞서며 우리가 원하는 것조차도 종종 우선하는 법칙이다.

자녀가 집을 떠날 때까지 유능하고 활동적인 아니무스-자아로 살다가 신체적 증상으로 심각한 대장염을 앓았던 한 중년 여성이 치료를 받으러 왔다. 그녀는 자신의 "모든 책략과 통제가 통하지 않는 시작으로 돌아가는 것"에 대해서 다음과 같이 말하였다.

나는 지금 보면 거짓된 법 아래서 자랐다. 또 다른 법이 존재한다. 진정한 법은 삼키고 숨쉬며 똥을 누는 것 등의 육체의 모든 작용들이다. 옳고 그른 것은 없고, 단지 있는 그대로이다. 좋은 것도 나쁜 것도 없고 필요한 것만 있을 뿐이다. 그것은 내가 내 몸 안에서 발견한, 신성한 질서이다. 그것은 강요된 명령이 아니라 허용하는 것이다. 힘의 균형은 계속 변하지만, 내가 그것을 기다릴 수 있다면 저절로 형성된다. 하지만 그것은 죽어버린 균형이 아니라 긴장이 따르는 균형이다. 이 혼란스러운 분석 과정 안에도, 나의 분노와 심지어 우울 안에도 질서는 있다. 다른 종류의 법과 시간과 고통이다.

이 여성은 태어난 첫 주에 지속적으로 좌약을 사용하는 배변 훈련을 받았다. 그녀는 치료를 종료하면서 "대장염에서 시작해서 똥을 제대로 싸는 사람이 되기까지의 과정이었군요"라고 말했다. 어두운 여신과 탄트라 항문-뮬라다라로의 그녀의 입문은 심오했고 그것은 나에게 많은 것을 가르쳐 주었다.

에레쉬키갈의 분석적 경험

이 근본적인 음(陰)의 기반, 바탕, 기층은 부정적인 아버지의 많은 딸들[56]과 거의 또는 전혀 관련이 없는 상수(常數)이다. 가끔 공포의 순간들이 그것을 부정적으로 일으켰는데, 폐렴에 걸린 한 여성이 자신의 가슴이 흙으로 가득 찼다고 느끼거나 공포에 사로잡혀 자신의 영혼을 너무 깊이 철수시킨 나머지 자신을 손댈 수 없는, 척박한 돌로 느꼈던 여성의 경우를 들 수 있다. 그 이미지들에 대한 작업은 정체되고 마비된 상태 속에 숨겨져 있는 잠재적인 육화된 삶의 감각을 되돌려 주었다. 첫 번째 여성은 폐의 응결 뒤에 자신을 치유하기 위하여 그녀의 물리적인 육체로 향하는 땅의 따뜻함과 느린 인내가 있었다. 두 번째 여성의 경우, 그녀가 그것을 바라볼 수 있게 되자 그 돌 너머에는 그녀가 사랑했던 사막의 신성하고 시대를 초월한 연약한 삶, 자연을 견뎌내고 돌까지도 소중하게 여기는 푸에블로 문화의 삶이 있었다.

숭배받지 못한 에레쉬키갈의 힘은 극도로 고통스러운 우울[57]과 무력감과 무익함으로 느껴진다. 수용할 수 없는 욕망과 변환적-파괴적 에너지, 수용할 수 없는 자율성(분리와 자기주장의 욕구)이 갈라져 안으로 들어가 개인의 의지와 가치에 대한 감각을 집어삼킨다. 에레쉬키갈을 고통스럽게 겪고 있는 한 여성은 자기도 모르는 사이에 자신의 부정적인 아니무스적 초자아를 우선시하다가 그것에 제압당했다. 태고의 정감들로부터 분리된 그녀는 그것들을 의식하지 못하게 되었다. 그런데도 그녀는 소용돌이 속에 빠지듯 쉽게 지하계로 떨어진다. 아니면 그녀를 깊은 곳으로 끌어내릴 정신증적 성향을 가진 남성과 사랑에 빠진다. 그것도 아니면 강박적으로 하계를 찾고 삶을 회피하며 그녀의 조각난 역량에 비해 너무나 큰 변화의 흐름이 가져오는 고통을 경감시켜주는 여러 다양한 중독에 빠진다. 그렇지 않으면 문화가 비효율적이고 열등한 것으로 취급한 것에 무의식적으로 동일시하여 거기에서 부정적인 고유성을 느끼며 내향적으로 될 수도 있다.[58]

에레쉬키갈과 동일시된 여성은 꼼짝도 못하는 영원한 정체에 빠진 느낌이 들고 아니무스에게 강간당한 자의 암울한 절망과 공허함을 느낄 수 있다.[59] 그녀는 위대한 구멍maw로서의 여신과 동일시되어 모든 생명을 돌려 받으면서 허기와 탐욕을 느낄 수 있다. 그녀는 신체적 증상으로 자주 고통을 받는데, 복부의 장기와 관계된 소화, 세포 분해 과정 장애를 경험한다.

그러한 상태에 직면했을 때 어느 제단에 접근해야 하는지를 아는 것은 큰 위안이 된다. 그러나 에레쉬키갈은 일반적인 방법으로 숭배받는 것을 원하지 않는다. 대량의 제물이 바쳐졌던[60] 태고의 지하 세계의 신들처럼 그녀는 죽음, 즉 분화라는 완전한 파괴를 요구하고, 개인성에 대한 감각을 느낄 것과 전체적인 변환을 요구한다. 그녀는 그녀에게 복종하고 그녀를 섬기며 그녀와 함께 신음하는 지독한 공감을 요구한다. 태곳적-마술적 수준의 의식에서 그녀의 제물들은 우아하게 다시 구멍 속으로 끌려간다. (수메르인들은 그 직접적인 헌신과 헌납이 가장 사악한 신들의 손을 멈추게 만든다는 것을 느꼈다).[61] 하지만 그 힘의 비개인적인 리듬과 파괴를 섬기고 숭배하는 것은 그녀의 자녀들만큼이나 기괴하게 보인다. 따라서 우리는 종종 여신의 비인격적이고 본능적인 힘에 굴복할 수밖에 없다는 무력한 느낌을 방어하기 위해서, 스스로를 부정하거나 화를 내고 갑옷을 입으며 거리를 둔다. 그렇게 함으로써 우주에서의 우리의 태곳적 작음과 마주할 만큼 낮아진 영웅적 자아의 굴욕감을 무디게 할 방법을 찾는다. 그러나 의식적인 행위, 즉 기꺼이 항복하는 것만이 어두운 여신의 독을 생명으로 바꿀 수 있다. 적극적이고 분화되었으며 아름다운 하늘의 여왕의 죽음과 이 이야기에 나오는 엔키의 문상객들의 행동은 균형을 이루고, 에레쉬키갈의 공허를 채운다.

심오한 여신의 꿈 이미지는 분석 단계 동안 의식적인 자아-이상(理想)이 굴욕을 당하고 급진적으로 변환될 때 드물지 않게 나타난다. 어떤 여교수는 그녀의 수업 시간만 되면 검은 행성이 다가와 그녀의 학구적인 정신을 쏙 빼놓는 악몽을 꾸었다. 그녀는 "마치 내가 완전히 파괴되어 내 자신이 전혀 남지 않은 것처럼" 느꼈다. 우아하고 유능한 한 여성 사업가는 꿈속에서 "흰 개미 여왕과 같이 뚱뚱하고 못생긴 생물이 출산 또는 배변의 고통으로 인해 느리게 몸부림치는" 이미지와 맞닥뜨렸다. 그녀는 그 "너무 흉측하고 짐승 같은" 것을 보고 간담이 서늘해졌다. 이전에 자신을 별난 아이라고 밝혔고, 이제는 자신의 상당히 지적이고 감정적인 능력을 받아들이기 시작한 또 다른 여성은 다음과 같은 꿈을 꾸었다.

나는 지하철 승강장에서 바닥에 엎질러진 햄버거 패티를 긁어모으고 있다. 가까운 곳에서 검은 옷을 입은 차갑고 가학적이며 거대한 여자가 지켜보고 있다. 그녀는 마치 여왕 코브라 같다. 그녀는 비도덕적인, 어둠의 얼굴을 하고 있다. 그녀는 무엇이든지 할 수 있다. 그녀는 삶이나 선(善)하게 되는 것에 관심이 없다. 그녀는 객관적이고 효율적이며 땅만큼 단단하고 무자비하다.

이 꿈은 그녀의 과대한 자아-이상이 그 안에서 원시적인 고깃덩어리로 분쇄되는 우울을 예견하는 것으로, 그녀는 그전에 두려워했던 긍정적인 그림자의 고요한 힘을 받아들일 수 밖에 없었다. 그녀는 서서히 진로를 바꾸었고 만족스럽지 못했던 인간 관계에서 벗어났다. 나중에 그녀는 그 검은 여성이 그녀의 가정부의 방으로 이사하여 친절하고 가정적이지만 비효율적인 가정부를 대신하는 꿈을 꾸었다.

이 여성의 하계적인 측면을 우리는 분석작업에서 아니무스와 동일시한 영원한 소녀 같은 여성puella이 이상적인 아니무스가 악하거나 병들거나 추하고 혐오스럽다고 낙인찍은 것으로 내려갈 때 매우 자주 보게 된다. 퇴행이나 내향은 너무 느리고 깊게 진행될 때가 많아서 죽음과 같은 심오한 우울증으로 변할 수 있는데, 만약 그것의 원형적 의미와 패턴에 대한 방침이 없다면 매우 두려울 수 있다. 그전까지 활발했던 한 여성은 자신의 일기에서 다음과 같이 묘사했다.

모든 당위가 서서히 쇠퇴하고 썩어가는 것처럼 느껴졌던 나의 감금된 삶의 죽음. 나는 그 느낌과 내가 나라고 생각했던 것의 파괴를 받아들여야 했다. 경험 많고 사교적인 유능한 나를 희생시키면 내가 죽을 것 같다는 두려움이 항상 있었다. 그럼에도 불구하고 시멘트가 나를 붙들듯 극도의 물질에 싸인 타성에 젖은 이 우울한 장소에서 에너지의 해방이 일어났다. 그것이 너무 깊어서 나는 시간에 대한 감각을 잃었다. 나는 그저 손톱이 자라면 그것을 다시 잘라야 한다는 사실만 알았다. 그것은 아래로부터 천천히 오는 모든 것 — 인간적이지 않고 따뜻하지만 무심한 것, 의미 아니면 의미가 아닌 것의 관념 아래 — 에게 달려들었다.

또 다른 사람은 이렇게 말했다:

나는 너무 낮은 수준으로 떨어졌다. 상한 고기처럼 역했다. 나는 나를 그렇게 소극적이고 추한 상태로 내버려둔 적이 결코 없지만, 더 이상 부끄럽지 않다. 나는 전혀 신경 쓰지 않지만, 그래서 뭐 어떤가? 굉장히 차가워 보일지라도 그것은 고통까지도 수용하는 힘을 준다. 나는 이제 우주에서도 집에 있는 것과 같은 느낌을 받는다. 그것은 내가 평생 두려워했던 어머니의 표독스러움과 남성의 성기를 만지는 것에 대한 공포와 혐오 사이 어디쯤에서 균형을 잡아준다. 나는 내가 폭발하거나 의식을 잃지 않고 관계를 맺을 수 있도록, 그곳에서 나를 치료해야만 했다.

우리가 무감각한 고통과 우울의 깊이, 시간의 경계가 없는 언어 이전의 혼란과 정동성emotionality, 즉 우리가 끔찍하거나 유치하다고 칭하는 태곳적 의식의 차원과 연관된 모든 것들로 축소될 때 우리는 우리가 섬기고 숭배해야 하는 여신이 에레쉬키갈이라는 것을 알 수 있다. 그녀와의 접촉은 여성이 땅에 발을 디딜 수 있도록 만든다. 그것은 여성의 힘을 응집시켜서 대등한 존재로서 가부장제와 남성에게 맞설 수 있게 한다.

가부장제로부터 거부된 에레쉬키갈

가부장적 의식은 이 여신을 갈라놓고 강간하여 저승으로 내몰았다. 우리는 자연의 여신의 놀랍고 파괴적인 면을 너무 가까이에서 보는 것이 금지되어 있다.[62] 그녀는 우리의 의식 밖으로 밀려나 무의식의 깊은 곳에 살고 있다. 에레쉬키갈은 그녀의 소름끼치는 모습으로는 절대 나타나지 않는다. 잔치를 베풀 때 신들은 그녀에게 그녀의 음식을 가지고 갈 이를 보낼 것을 전한다.[63] 그런데 그녀는 남성에게 적대적이지 않다. 그녀는 남성 재판관들에게 둘러싸여 있고 그녀의 배우자와 하인들은 남성들이며, 두 명의 아들을 낳았다. 그리고 그녀는 그녀의 사절에게 무례했던 네르갈(Nergal)에 대한 진노를 쉽게 풀었다. 그가 "몇 달 전부터 지금까지 당신이 나에게 원했던 것은 그저 사랑일 뿐"이라는 것을 알아차렸을 때 그녀는 그에게 그녀와 결혼하고 저승을 지배할 것을 제안했고, 그는 그것을 수락한다.[64]

많은 문헌에 쓰인 내용과 달리 이 신화는 정신의 깊은 층에 있는 의식이 영웅적이고 가부장적인 의식인 하늘의 신들의 적이 아니라는 것을 암시한다. 위대한 순환의 힘과 양식은 위계질서가 있고 진보적인 로고스의 방식을 지배하려고 들지 않으며, 심지어 거기에 거역하려고 하지 않는다. 그러나 그것들은 숭배와 존경을 요구한다. 에레쉬키갈은 그녀가 존중을 받지 못할 때 분노한다. 그녀는 자부심이 강하지만 공격적이지 않고 자신의 경계를 넘지 않는다. 그녀는 단순히 동등한 힘, 위대한 상계의 신이 가진 것과 같은 중요하고 타당한 힘 —네르갈이 그녀와 마주했을 때 비로소 깨달은 힘—으로 인식될 것을 요구한다.

오히려 변화의 흐름과 그것의 "유아적" 충동으로부터의 분리를 회피하는 것은 위계적인 영웅 의식에 내재된 방어적인 두려움이다. 이것들을 어머니에게 투사하면 어머니를 적으로 보게 되고[65] 삶 자체에 필요한 어머니의 지혜를 인식하지 않으려고 한다. 에레쉬키갈이 밤의 달의 어머니이자 괴물들의 어머니이고, 태양과 별의 할머니이기 때문에 그것은 자신의 근원을 외면하는 것이다. 그녀의 자궁에서 천상의 빛과 역병과 죽음의 피조물이 나왔다. 그녀는 하늘을 수놓는 빛과 치명적인 두려움과 고통에 의해 초래된 의식의 원천이다.

에레쉬키갈을 폄하하는 위계적인 가부장적 의식의 관점보다 심리적 현실에 더 가까운 것은 탄트라의tantric 관점이다. 이 관점은 각각의 차크라는 각자 고유의 앎의 형태를 가지고 있다고 보면서 그것이 각자 고유한 시각을 제공하고 이상적으로 깨어있는 개인 안에서 조화롭게 진동하는 우주 의식의 측면으로 맞이해야 한다고 주장한다. 그러나 우리는 단지 그런 진정한 다가적인 의식의 역량을 실현하는 방향으로 아주 천천히 나아가는 중이다.[66]

죽음의 눈의 객관성

에레쉬키갈의 안에는 정감과 에너지와 법칙성이 있다. 또 그녀는 죽음의 눈도 가지고 있다. 다음의 시는 이난나를 죽이고 고기로 만든 에레쉬키갈의 행위를 오싹한 경외심을 가지고 묘사한다.

성스러운 에레쉬키갈은 그녀의 왕좌에 앉았다 ...
그녀는 그녀(이난나)에게 눈길을 보냈는데, 죽음의 눈이네,
그녀에게 말을 하였는데, 진노의 말이네,
그녀에게 소리를 질렀는데, 죄의식의 외침이네,

그녀를 때렸는데, 시체가 되었네.

그 시체는 못에 매달렸네.[67]

때때로 수메르의 시에서 "삶의 눈(目)"이라는 표현은 사랑으로 충만하고 활력을 주는 바라봄을 시사하기 위해서 사용된다. 눈이 가진 힘을 강조하는 묘사는 눈의 여신의 초기 이미지와 눈의 여신으로서의 이집트 여신을 상기시키고 젖먹이 아기에게 어머니의 눈이 가진 중요성을 상기시킨다. 아이들이 처음 얼굴을 그리기 시작할 때 유일하게 포함시키는 이목구비는 시각과 관련된 기관들이다. 수메르와 바빌로니아 조각에서 신들과 그들의 숭배자들의 눈은 확대되어 거의 최면 상태에 가까운, 뻔히 응시하는 원반으로 그려져서 영혼의 창으로서의 그들의 위엄을 전달한다.

이 시에서 에레쉬키갈의 눈은 단어, 정감, 양심의 판단, 살인 행위를 모두 담는다. 그 눈은 무자비하고 개인적인 관심을 보이지 않는 죽음의 눈이다. 두려움으로 마비되어 과정과 역설의 감각을 잃은 인간들에게 그 눈은 삶을 얼려버리는 증오의 눈초리일 수 있다. 예를 들면 자녀를 망가뜨리고 모든 시작을 끝내버리는 어머니의 증오-질투 —원형적인 형태의 날 것 그대로의 가학성과 분노 —이다. 아니면 "모든 것이 죽은 것처럼 보이는" 우울증의 눈이다. 그 눈은 우리의 삶, 우리 인간의 두려움이나 분노를 고정시키거나 순간이나 이미지를 포착하여 그것을 구체적이고 정적인 것으로 만드는 눈이다. 그러한 눈은 정신증을 일으킨다. 우리는 정신증 상태에 빠진 사람들에게서 그러한 눈을 볼 수 있는데, 그들은 고정된 프레임이 부분적인 사실로서 내재되어 있는 삶의 과정과 정신을 꽉 물린 조각을 통해 꿰뚫어 볼 수 있는 능력을 상실한 상태이다.

이처럼 그 눈은 더 큰 전체에 대한 감각을 상실한 눈일 수 있다. 아니면 객관적인 능력을 시사하는 것일 수도 있다. 그것은 우리가 우리 문화에서 여성적인 것이라고 흔히 생각하지 않는, 다른 사람들과는 무관한 기본적인 악마적 수준의 삶과 자기확인을 시사한다. 그렇기에 융은 뮬라다라 차크라에 대해서 쓰면서 자기Self의 부정적 측면의 가치를 우리에게 상기시킨다. "서양 철학개념에서 개성화에 대한 충동이나 본능으로 묘사할 수 있는 ... 증오의 한 측면"[68]의 기능은 사랑하는 사람과 이전에는 융합되어 하나를 이루고 있었던 개인을 분리하여 떨어트려 놓음으로써 신비적 융합participation mystique을 파괴하는 것에 있다.

이 시에서 옷이 벗겨진 이난나는 그녀를 돌아보는 자신의 신비로운 깊이인 에레쉬키갈을 본다. 그녀는 즉각적인 그녀 자신(하계의 자신)에 대한 완전한 경험을 가지고 있다. 벌거벗겨지는 순간은 마치 신비의 저택Villa of Mysteries(폼페이의 벽화- 역자주)의 다섯 번째 장면처럼, 거울로 된 그릇을 바라보는 목양신이 거기에 비친 저승의 지배자 디오니소스의 무서운 가면을 보는 장면으로, 그것은 적극적인 삶과 사랑의 여신이 자기와 직면하는 순간이다.[69]

한 여성이 다음과 같은 꿈을 꾸었다: "나는 세상의 독을 넘겨받았는데, 거기에는 '무관심'이라는 꼬리표가 붙어 있다." 그녀는 그녀의 연인이 냉담하다고 여겼고 그것이 고민이었다. 그런데 꿈의 이미지는 그것은 자연의 냉담함으로, (자연이) 과거에도 현재도 여전히 냉담하다는 것을 그녀에게 보여주었다. 그러면서 그녀 스스로 ―자신의 파트너를 회유함으로써 종속적인 관계를 구하는 피해자와 자신을 동일시하며 그와 합치려는 그녀는 ―여신과의 교감을 얻기 위하여 그 독을 마셔야 한다는 것을 보여준다.

원형적으로 이러한 죽음의 눈은 무자비하고 심오하며, 가식, 이상, 심지어 부적절한 개성과 상관성을 찾는 즉각적인 존재의 질is-ness을 본다. 그 눈은 또한 근본적으로 다른 문화 이전의 지각 양상의 신비를 보유하는 동시에 그것을 가능하게 한다. 러시아에서 자연의 여신이자 마녀인 바바 야가의 집 주변에 있는 두개골의 눈처럼,70 그 눈은 자연과 우리의 꿈이 가지는 것과 같은 객관성을 가지고 우리의 영혼을 파고 들어 벌거벗은 진실을 찾고, 수많은 형태와 그것이 보여주는 환상과 방어 밑에 자리하는 실재reality를 인지한다.

서양 과학은 한때 그러한 관점을 열망했다. 하지만 우리 인간은 그런 객관적인 눈을 가지고 있지 않다. 우리는 한정적이고 상대적이며 불확실한 진실만 볼 수 있다. 우리와 우리의 주관성은 우리가 보려는 실제의 일부이다. 하지만 객관적인 현실은 에레쉬키갈의 눈 앞에서 그 정체를 드러낸다. 산스크리트어로 "네티, 네티"라고 하는 것처럼 그것은 아무것도 아니면서도 모든 것으로, 위대한 여신의 베일 뒤, 지혜의 신전 뒤에 숨겨진 역설의 장소이다. 이 눈은 모든 것을 되돌리는 심연의 적나라함을 꿰뚫어 보고 육화한 것으로, 춤추고 노는 여신의 환영maya을 비활성 물질로 축소시키고 땅 위의 삶을 정지시킨다.

이 눈은 습관적이고 집단적인 이성적 의식의 패턴과 이상 ─ "개념적 공간 안에 갇힌",71 분화된 외관의 세계를 형성하는 언어적 테두리 안에서 보는 방식─을 제거한다. 이 눈은 언어 이전의 실제 자체의 실체를 꿰뚫고 내려간다. 또한 이 눈은 있는 그대로의 삶에서 거짓된 집단적 기준을 꿰뚫어 보면서, 아니무스 이상(理想)과의 동일시를 파괴한다. 이 눈은 초자아의 왜곡과 선입견 없이 현실을 인식할 수 있도록 한다. 이것은 좋고 나쁨을 가르는 것이 아니라 판단 이전에 존재하는 것을 보는 것을 의미한다. 그것은 항상 어수선하고 정감으로 가득하며 감각에 가까운 언어 이전의 감각(촉각, 후각, 미각)으로 가득 차 있는 것을 보는 것을 의미한다. 이것은 외부의 다른 것과의 관계나 집단적인 형태gestalt나 명령을 신경쓰거나 우선시하지 않는 것을 시사한다. 이런 식으로 집단에 받아들여지지 않아서 처음에는 너무 무서운 것을 보는 방식은 로고스 의식이 단순한 혼돈으로 여기며 두려워하는 것에 전혀 새로운 지각과 새로운 패턴과 창조적인 시각, 끝나지 않는 탐사를 제공한다.

그러한 바라봄은 급진적이고 위험할 정도로 혁신적이지만 균형이 맞지 않거나 정적이거나 편파적이지만 않는다면 꼭 악한 것도 아니다. 그것은 비입문자에게는 기괴하고 추악하게 보이며, 심지어 그들을 마비시키기도 한다. 왜냐하면 그것은 우리의 방어기제를 쳐내고 안이한 집단적 이해와 좋게 보이고 안전하게 소속되려는 희망과 기대를 희생키기기 때문이다. 그것은 조잡하고 혼란스러우며, 놀랍고 또 윤리와 미학과 대극들 아래 있는 영역에 대한 시각을 제공한다. 그것은 본능적인 눈, 즉 자연의 정신spirit의 눈이다. 이것은 에레쉬키갈과 칼리와 고르곤이 입문자에게 던지는 시야로, 시바의 신전의 끔찍한 수호자의 머리에 있는 시야의 의미이다.[72] 그것은 끔찍하기는 하지만 그것을 견딜 수 있는 사람들에게 실제에 대한 정제된 인식을 제공한다. 이것은 프시케(그리스의 이난나)가 아프로디테를 아름답고 영원하게 만들기 위하여 그녀가 가져온 지식이며, 그녀가 아직 견뎌낼 수 없었던 어두운 여성의 지혜이다. 프시케는 그것을 잠깐 보고 의식을 잃었는데, 아직 그런 지식을 감당할 수 있는 나이가 되지 않았기 때문이다. 이제 우리는 이러한 시야를 알 필요가 있고, 이미 천체 물리학과 핵물리학 분야에서 이러한 미묘한 에너지를 연구하고 있다.

심리적인 측면에서 이러한 관점과 지식은 파괴와 심지어 근본적으로 새로운 무엇인가로의 전환이 실재reality의 순환의 일부라는 것을 암시한다.[73] 어떤 여성이 말했듯이:

나는 네가 —적어도 대부분의 경우 —누군가를 상처 입히거나, 희생 없이, 어떤 고통이나 배신 없이는 아무것도 할 수 없다는 것을 안다. 모든 것이 끝나고 다른 곳에서 시작되는 것을 안다. 순수innocence는 불가능하다.

이와 같은 지식을 받아들이기 어렵다. 우리는 그것을 미화하고 무시하고 외면하려고 한다. 그러나 이러한 기본적인 실재에 대한 앎은 여성에게 부모와 아니무스의 명령과 이상에 동조하려는 노력을 포기할 수 있게 한다. 그것은 그들과 전혀 무관한 곳에서 완전히 실패하는 것과 같다. 그것은 모든 원칙을 상대화하고, 여성을 자기Self와 함께 역설에 개방한다.

이러한 비전을 인식해야 했던 어떤 여성은 동공에 작은 두개골을 가진 아름다운 여성에 대한 꿈을 꾸었는데, 그녀는 그 눈을 통해서 광활한 밤하늘을 보았다. 또 다른 여성은 그녀의 죽은 할머니의 눈이 그녀의 머리 속으로 떨어지는 비전을 보았고, 다음과 같이 기록하였다. "그런 눈은 모든 것을 포함한다. 그 눈은 존재의 기저를 꿰뚫어보고, 그런 객관성을 견딜 수 있다. 그것은 고통이 피할 수 없는 것임을 의미한다. 나는 숨을 수 없다."

나는 분석가로서 나의 진실을 말할 때 그런 비전을 견지하며, "내가 지금 느끼는 것이 바로 그것이다, 그것이 내가 보는 것이다"라고 말한다. 그것은 객관적이고 나의 순간의 타당함을 분별하는 식견이다. 그러나 그것은 탐침이 그렇게 하듯, 피탐침자를 다치게 만들 수 있다. 그것은 나를 다른 사람과 분리시킬지도 모른다. 그러나 내가 겉으로 보이는 냉담함의 견고함과의 연결을 잃거나 좋은 어머니나 딸로서 그것을 막는다면, 나의 자아는 그 기반을 잃고 냉담함이 무의식으로 떨어지고 아니무스로부터 나에게나 상대방에게 다가간다. 그래서 치료 중인 여성이 돌처럼 차가운 뮬라다라 비전을 나에게 투사한다면, 나는 내가 그처럼 차갑게 보여지는 것을 염려하면서 그것을 나도 가지고 있는 초개인적인 여성성의 객관성으로 여기지 못하고 자기방어적으로 평가할 것이고, 그 관점을 잃으며 돌처럼 굳어버리고 공포로 인해 무의식적으로 될 것이다. 그러면서 그것이 부정적 전이로부터 나와 나에게 다가오는 것을 느끼며 상대방의 분노를 잠재우고 싶어하게 될 것이다.

이 서늘하고 객관적인 눈은 여성성을 평가하는 하나의 기반 — 아마도 좌뇌적인 측면에서 나온 — 이다. 그것은 책임 있는 수행이나 의도적인 성취에 현혹되지 않고 진행되고 있는 필연적인 사실, 즉 각 순간에 삶을 부여하는 다양한 정동의 진로를 발견한다. 그것들은 다른 것들이 지금 밀어닥치면 지나가 버리며 개인을 제어할 수 없는 시간과 과정 앞에 내던지지만, 변화 자체를 숭배하고 그것과 함께 움직이는 자신만의 길을 발견한 사람은 자신의 기반을 발견할지도 모른다. 그러한 비전은 초개인적이고 방어할 수 있는 힘이다. 그래서 밝은 눈^{gorgopis}과 올빼미 눈을 가진 아테나는 그녀에 방패에 고르곤의 눈을 달았고, 이난나는 나중에 "죽음의 눈"을 육화하였다.

3장 고통과 따로 서기

고통: 무의식과 의식

겉보기에 차가운 음(陰)인 에레쉬키갈의 비전은 신화에서 고통을 받는 음과 밀접한 관련이 있다. 이난나는 칼에 찔린 채 걸려 있고, 벌거벗은 채 누워 있는 에레쉬키갈은 죽음이나 산고로 신음한다. 그녀는 다음과 같이 묘사된다.

> 출산하는 어머니는 그녀의 자식들 때문에,
> 에레쉬키갈은 그곳에 몸져 있나니,
> (아마도 산고를 겪으며)
> 그녀의 성스러운 몸 위에는 천 하나 덮어져 있지 않네,
> 그녀의 성스러운 샤간^{shagan} 그릇과 같은 가슴은 (베일에 덮이지) 않았고[74]
> (그녀 위에 있는 것 같은 구리 갈퀴(?)와 같은 그녀의 발톱들[75])
> 그녀의 머리는 거머리를 머리에 얹은 것처럼 있네.[76]

고통 역시 하계의 여성성의 주된 부분이다. 빛의 여신이 도래하여 그것을 일깨워, 침묵을 지키는 마비된 감각을 자극해 고통에 이르게 하기 전까지는 아마 의식되지 않을 것이다. 의식의 마술적 차원에서 고통은 무감각하게 견뎌진다.[77] 고통이 인식되지 않는 것이다.

그러나 고통은 여성성의 일부이다. 우리는 이 시대에도 출산에는 죽음이 종종 뒤따른다는 사실을 잊어버린다. 이러한 이유로 출산 중에 사망한 아즈텍 여성들은 전장에서 죽은 전사와 동일하게 여겨졌다. 진통이 시작됐을 때 앤 브래드스트리트Anne Bradstreet가 남편과 어린 자녀들에게 이별을 고하는 시를 썼던 것도 같은 이유에서이다.[78] 그래서 매더 Cotton Mather와 그의 동시대인들은

> 여성이 가진 비운인 복종과 출산이라는 고역이 축복으로 바뀌는 것을 보았다. … 하느님은 쇠사슬과 고통과 죽음에 이르는 모든 것을 거룩하게 하시니 … 그 안에 중요한 헌신의 더 커다란 기회가 있는 것이다.[79]

여성의 삶의 현실은 실제 죽음으로 이어질 수 있는 끊임없는 출산의 반복으로, 그녀의 삶의 대부분을 가혹하고 악의적인 현실에 집중시키는 자연의 순환, 심연의 끝에 놓인 삶에 집중시키는 자연의 순환이었다. 여성의 창조성은 그렇게 출산과 집안일과 가정의 유지에 몰려 사라졌다. 입고 없어지고 먹어치우는 모든 것들로, 그것이 비록 생존을 유지하는 과정의 작은 틈새에서 만들어진 어떠한 구조의 즉각적이고 개인적인 기본 문명의 힘이었음에도 불구하고, 더 넓은 문화적 맥락에서는 크게 인정 받지 못한 것들이었다. 이러한 맥락에서 유대인 남성들이 여성으로 태어나지 않은 것을 신께 감사했다는 것은 놀라운 일이 아니다. 그러나 여성에게 상처는 반드시 병리적인 것이 아니다. 그것은 월경과 출산, 매일 피를 흘리는 삶의 순환의 일부에 해당한다.

운명 지워진 과정에 붙잡힌 에레쉬키갈은 "모든 삶은 죽음으로 끝나고"(제라드 맨리 홉킨스- 역자 주) 여성의 역사에서 탄생과 죽음은 긴밀한 관계를 맺고 있으며 변화와 고통을 피할 수 없다는 것을 구현한다. 그녀는 고립된 채 끈기 있게 굴복하고 인내한다. 그녀는 많은 위대한

여신들이 아이나 어머니, 연인과의 이별로 인하여 상처받고 고통 받는다는 것을 상기시킨다. 그녀들은 고통을 피하지 않고 고통을 직시하며 그것의 실제를 표현한다. 시바Shiva의 약혼자 파르바티Parvati가 그랬던 것처럼 어떤 사람들은 사랑하는 사람의 주의를 끌고 삶의 균형을 회복하기 위해 고통을 감수한다. 또 어떤 이들은 꼼짝 못하거나 꿰뚫리기도 한다. 고통은 하데스에게 붙잡혔던 그리스의 페리토스처럼 끔찍한 수동성, 부정적인 타성을 초래할 수 있기 때문이다. 그리고 에레쉬키갈의 왕국에는 모든 것이 유해하고 비인간적이며 이제 막 시작된 정지상태가 있다. 이난나는 꿰뚫리고, 에레쉬키갈은 신음한다. 희망도, 힘을 발휘할 양(陽)의 응답도 없고, 일이나 의지로 헤어날 길도 없다. 이것은 어두운 여신의 차가움의 반대 측면이다.

그러나 여기서 고통은 태고의 방식이다. 그것은 활동의 희생으로, 이것이 있는 그대로 내버려두는 방식으로 받아들여질 때 탄생과 심지어 깨달음으로 인도할 수 있다. 그것은 가장 어두운 수준에서의 실존을 암시한다― 행동 능력의 상실로 이어지기까지 하는, 모든 것에 대한 감각의 상실, 모든 것이 상관없어질 정도의 깊은 상실, "정점을 찍은 비탄"이다.[80] 그곳은 혼란스럽고 무감각하거나 채널화되지 않은 정감이 무력해지는 장소이며, 무력함과 달래지지 않은 상실과 갈망에 대한 외로운 비탄-분노와 무엇을 해도 소용 없다는 것(절망에서 벗어날 방법이 없다)이 우리가 아는 유일한 사실인 지옥 같은 장소이다. 우리는 그저 인내할 수 밖에 없다. 의식을 간신히 유지하고 삶의 바깥에서 유예된 채 간신히 고통과 무력감을 견디며 어떤 새로운 지혜를 가진 은혜의 행위가 만약에 온다면, 그것이 올 때까지 그저 견뎌낼 수 밖에 없다. 그러한 원시적이고 비인격적이지만, 잠재적으로 불행을 개시하는 그곳이 에레쉬키갈의 왕국이다.

에레쉬키갈의 말뚝: 고정하고 육화하다

이런 관점에서 에레쉬키갈의 말뚝은 힌두교와 켈트족의 별세계 Otherworld 성(城) 주위에 머리가 꽂힌 막대기들처럼 끔찍하고 무섭게 느껴질 수 있다. 어떤 여성은 이런 비참함을 말로 표현하였다: "어머니에게 버림받아 괴롭습니다. 가슴에 박힌 뾰족한 못처럼 말이죠. 그리고 나의 삶 전부가 죽었습니다." 그것은 죽음의 어머니의 자식의 가장 깊은 슬픔이다. 그것은 고행의 삶이다. 또 다른 사람은 분석 작업을 시작하면서 다시 경험하게 된 박탈감에 대해서 다음과 같이 말했다. "그것은 살갗이 벗겨진 남근과 같고 지옥의 욕망의 형상을 한 너무 날 것이라서 만지는 것조차 불가능한 공허한 욕망이다." 그녀의 욕구들은 쪼개져 나갔고(그녀는 두 살 때 고아가 되어 시설에 보내졌다), 인간의 영역에서는 너무 예민하고 손에 넣을 수 없는 것으로 느껴져서 보기 흉하고 끔찍했다. 세 번째 여성은 꿈에서 그녀가 어떤 기둥에 걸려 있는데, 그 기둥은 그녀의 삼촌의 남근이었다. 그녀는 그의 두려운 육체적 유혹과 격렬한 분노를 기억했지만 그를 이상화했기 때문에 그와 닮은 남자들을 향한 욕망을 포기하는 것을 두려워하였다. "집처럼 편하게 느껴지기 때문이에요." 이 잔인한 인간적인 가학적 성욕은 에레쉬키갈의 기둥과 같다. 그것은 의식적인 인간의 삶을 멈추게 만든다. 그러면서 우리는 그런 고통의 현실에 직면하기 보다는 병이 들거나 "미쳐 버리는" 우리 자신을 자주 발견한다.

그러나 이미지나 말뚝에는 또 다른 측면이 있다. 죽은 오시리스의 부위를 이용해 임신한 이시스의 모습을 그리는 후대 이집트 신화 속 장면과 달리, 여기서 죽은 파트너는 여성이다. 위대한 여신은 그녀가 수동적이고 생명이 텅 빈 채 고기로 전락했을 때 관통당한다. 움직임도 없고, 분명한 생기도 없다. 몸에 못이 박힐 뿐이다. 이난나는 끔찍한 설

비로 못에 박힌다. 그녀에게 있는 "무수한 지위"의 역량과 능력들이 좌초된다. 이러한 실현은 그녀 안에 새로운 정신을 수정시키는 것의 일부로 보인다. 한계가 창의성을 불러 일으키는 것처럼 말이다.

어떤 여성은 이런 고착_fixatio_의 고통스런 일면에 대한 그녀의 경험을 표현했다.

> 마치 나의 지저분한 집이 나의 십자가인 것과 같다. 나는 가정과 위대한 삶과 중요한 사람이 되는 것에 대한 환상 밖에서, 완전히 고착되어 있다. 나는 그저 거기 걸려 있고, 예전의 꼬리표들은 적용되지 않는다. 나는 예전의 삶의 방식, 나 스스로를 끌어올리는 것, 당위성에 대한 통제력을 잃었다. 나는 나를 꼼짝 못하게 하는 사소한 일들에 집착한다. 그것들은 극적이지도 절박하지도 않고 그저 무감각한 고통을 이겨낼 수 있는 버팀목이다. 의미도 없고, 위안도 없다. 나는 그저 기다리고, 또 기다릴 수 밖에 없다. 게다가 그것은 심지어 옛날 식의 구조를 기다리는 것조차 아니다.

이 48세의 여성은 인정을 받고, 보살핌 받으며, 그녀의 수동성을 풀어 줄 백마를 탄 기사에게 칭송받을 것을 바라면서 인생의 많은 부분을 보냈다. 분석을 통해서 타성의 자질_quality_이 변화되었다. 그녀는 자신의 습관적인 연극, 정신없고 무의식적인 활동을 희생하고 일상생활의 작은 세부 사항으로 물러날 수 있다고 느꼈다. 그녀는 자신이 그리스도의 십자가에 못 박힌 것 같은 굴욕감을 느꼈다. 왜냐하면 그녀는 자신의 고통을 완화할 방법을 몰랐고 이난나의 이야기를 아직 알지 못했으며 여성성과도 관련이 있다고 느끼지 못했기 때문이다. 여러 달 동안 그녀의 실존에 구현된 사실들에 집중한 후 그녀는 그녀가 추구했던 것들을 새로운 시각으로 바라볼 수 있게 되었을 때, 그것들이 그 안에 존재했다는 사실을 깨닫기 시작했다. 그녀는 감각적 인식 작업을 시작했고,

색과 질감이 있는 옷으로 자신의 몸을 기리기 시작했다. 그녀는 치료자와의 전이 관계에서 자신의 감정이 열리는 것을 발견했다. 그녀는 그녀의 육화된 삶, 즉 감정적인 삶을 소중하게 여기기 시작했고, 마침내 자신의 우울함을 되돌아 보고, 그것이 그녀의 실존에 새로운 감각을 가져다 주는 선물로 바라보게 되었다.

말뚝이 가진 육화의 가능성의 또 다른 측면은 자신의 육체적 현실에 대해서 새로 깨어난 감각을 이야기한 여성에 의해 이렇게 표현되었다.

여자는 월경이 시작되면 십자가에 못 박힌다. 그래서 나는 그것을 싫어했고, 그것이 아무것도 아닌 척 했다. 그리고 나서, 여자는 황소의 기운으로 십자가를 거두어 십자가가 자신을 꿰뚫는 것을 허용하고, 두 뿔 사이에서 좌우로 흔들리는 것을 내버려 두어야 한다. 그것은 여성에게 있어서 자연의 질서이고, 기독교의 것과는 다른 종류의 십자가이다. 우리가 시간의 흐름을 따라서 그 갈래 사이를 오가야 하기 때문이다. 나는 언제나 그것을 더럽다고 여기고 월경 기간 동안 나의 우울함과 고통을 진정한 희생이라고 여겼지만, 이제 - 나의 딸의 경험을 통해서 - 그 에너지가 남근적 에너지와 동등하다는 것을 알 수 있다. 거기에는 하나의 그릇을 만드는 두 개의 갈래가 있는 것 뿐이다.

월경에 대한 그녀의 의식적인 혐오감에도 불구하고 이 여성은 본능적으로 "어머니의 황소"에 대한 감각을 가지고 있었고, 그녀의 진술은 크레타에 있는 거대한 뿔이 달린 제단과 여성 군주로서 뿔이 달린 달 신을 상기시킨다.

이런 의미에서 신화에 나오는 뿔이 달린 신과 구갈안나 사이에 연관성이 있을 수 있다(5장 참조). 그는 여성이 임신하면 "죽임을 당하거나" 주기적으로 힘을 크게 잃는다. 이러한 관점에서 볼 때 여신의 하강 신화는 여성의 경험의 중심적인 신비인 임신에 관한 반향reverberation이라고 할 수 있을 것이다. 여러 문화에서 출산 중인 여성이 출산을 위해서 나무에 묶여 있거나 나무를 안는데(붓다의 어머니가 한 예이며, 일부 아마존 부족은 출산 중인 산모를 지면 위에 묶는 풍습이 있는데 산모는 아이가 나올 때까지 매달려 있다). 육체적인 경험의 신비에 확실히 복종하는 것은 여성, 심지어 여신조차 육화된 실제에 못 박힌다. 즉 그녀는 자신의 확고한 입장을 찾기 위해서 현실에 못 박힌다.

기둥pole의 이런 의미는 비인격적인 여성적 양(陽)의 에너지의 한 측면을 암시한다. 그것은 굳게 하고 물질적 현실로 못박으며, 육화하고, 정신 물질과 순간에 자리잡게 한다.

그러므로 그것은 기댈 수 있는 것, 삶의 흐름에서 달라붙을 수 있는 버팀목이다. 또한 그 말뚝은 어두운 여신의 남근이나 모조 남근이나 죽임 당한 그녀의 남편 구갈안나의 팔(다리)과 같다. 그것은 서양의 마녀 숭배자들이 느꼈던 것 같이 저승의 지배자이자 다이아나Diana의 배우자인 악마의 차가운 남근과도 비슷하다. 그들에게 이 남근은 그들을 자연의 수태시키는 영에 대한 제의 경험을 통해서 하나의 공동체에 통합시켰다.

에레쉬키갈의 말뚝: 분리할 수 있는 여성적 힘

말뚝은 이난나·이슈타르 신전의 여느 남성의 비인격적인 남근처럼 여신에게로 들어가는 입문의 도구인 첫 관통opening penetration을 제공한다. 에스더 하딩은 이 의례를 성관계의 에너지를 여신에게 해방시키는 것으로 보았다.[82] 수용적인 음(陰)은 본래 비어 있기 때문에 특히 가부장적 문화 안에서 자신이 텅 비어 있는 것처럼 느끼는 여성들은 현재의 남성 파트너와 아들을 통해서나 아버지에게 재능을 파는 아니무스의 집단적 이상(理想)을 섬기는 것으로 자신들의 성취를 추구할 위험이 있다. 그녀들은 남근을 선망하고 그것을 추구함으로써 권력에 대한 자신들의 갈망을 채우려 들거나, 그녀들에게 성적 즐거움을 제공하고 더없이 행복한 합체의 가능성을 제공하는 남성을 숭배하는 것으로 자신의 무력감을 잊으려고 한다. 내면 공간에 대한 자각은 어머니나 연인이 부족한 것에 의한, 음식이나 물질이 없는 것과 같은 — 구강의 구멍처럼 — 여성에게 공허하고 생기가 없으며 공허한 느낌을 줄 수 있다. 그렇기에 그녀의 채워지려는 갈망은 그녀를 외적인 수태나 아니무스적인 수태에 절망적으로 의존하게 만들 수 있다. 그녀는 사랑하는 사람에게 녹아드는 지극한 행복에 자신의 영혼을 잃을 수 있다.

아니무스나 실제 남성으로 남성적인 것과 융합하려는 여성의 허기, 그녀가 복종하려는 참된 정신[40]으로서의 남성에 대한 이상화, 가부장적인 권위로 충만해지는 욕구나 남성성에 의해서 양육되려는 욕구는 이 내적인 성교intercourse를 통해 변화한다. 어머니에게 양육 받지 못한 여성의 어머니에 대한 욕구와 남성 파트너에 대한 욕구를 구별할 수 없는 경우가 매우 빈번하다. 아마도 너무나 많은 여성들이 그녀들을 돌본 사람의 가부장적 아니무스에 의해 키워졌거나 그들의 형제와 아버지를 더 따뜻하고 가치 있다고 여겼기 때문에 여성적 돌봄이 허용되었을 때조차 그것을 계속 평가절하 하면서 남성들과 그들의 아니무스의 힘과 양육을 추구한다.

에레쉬키갈의 말뚝은 여성스러움의 모든 것을 수용하는 공허함을 여성성의 양(陽)의 기운으로 채운다. 그것은 영원히 비어 있는 자궁의 입구를 채우고 여성에게 그녀의 온전함을 제공하기 때문에 이 여성은 남성이나 자녀에게 의지하지 않고 분리된 온전한 개인으로 있을 수 있다. 그녀는 자신의 말뚝인 자기 자신의 '예와 아니오'를 고수할 수 있는 것이다. 에레쉬키갈의 말뚝은 바로 이 새롭고 거룩한 삶의 태도를 여성에게 수태시킨다.

그러므로 말뚝 박기는 어두운 여신을 섬김으로써 분리되고 온전히 자기 자신으로 태어날 수 있는 능력, 부정하고, 주장하고, 확고하게 근거를 두고, 파괴하고, 창조할 수 있는 능력을 낳는 지속적인 과정이다. 그 원천이 내부에 있기 때문에 외부에서 타당성을 무분별하게, 아니면 피가학적으로 찾을 필요도 없고, 지지를 받기 위해 주변의 호의를 살필 필요도 없으며, 보상을 받기 위해서 다른 사람들을 달랠 필요도 없다. 현대 사회의 많은 여성들에게서 발견할 수 있는 것처럼, 어머니에 의해 충족되지 않은 이 채워지려는 기본적인 욕구를 충족시키는 방식과 진정한 자양분과 기초교육의 기준이 제공된다.

우리의 문화는 여성이 자신의 비개인적인 여성적 능력을 발휘하는 것을 확실하게 단념시켰다. 그것은 기괴한 발상으로, 여성은 자신의 가학적이고 적극적인 힘을 주장하기보다 유순하게 "에로스를 가지고" 가학적인 부성적 아니무스 인물들과 관계 맺을 것을 장려 받는다.

이러한 여신의 남근과의 합일coniunctio은 이후의 여성과 남성 사이의 결혼을 통한 합일을 대체하는 것이 아니라, 더 적은 합일을 명확히 하고 더 큰 합일 —진실하고 열정적인 하나—을 만든다. 왜냐하면 여성이 자신만의 개별적인 자기와 연결된 입장을 느낄 수 있을 때, 그녀는 자신의 통합적이고 강한 그릇 안에 다른 사람들을 받아들일 수 있게 된다. 두 여성의 꿈은 이를 잘 보여준다.

검사가 끝나가던 나는 진단을 들으러 간다. 의사들 말이 내게 고환이 있다고 한다. 나는 내가 대장염인 줄 알았다. 이제 나는 누구의 하녀 노릇도 할 필요가 없다는 것을 알았다. 나는 배짱(고환)이 있고 나에게 필요한 것을 만들 수 있다.

평소에는 여성스러운 인형처럼 언제나 애인을 위해서 자신을 낮추던 어머니도 실내복 아래 남근을 가지고 있는 것을 안다. 이제 그녀는 열정적으로 사랑을 나눌 수 있다. 그녀는 여자이면서 남자이다.

이 꿈에서 어머니는 사랑의 여신의 자웅동체 형태인 수염이 달린 아프로디테와 같다. 이 두 여성 모두 자신의 말뚝을 소유하고 있었다. 그녀들은 본인들만의 관점을 가지고 있었고, 자신의 창의성과 개인적이고 열정적인 삶과의 연결을 가지기 시작하였다.

자신의 현실적인 관점을 밝히기 시작하면서 애인과 헤어질 위기에 처한 또 다른 여성은 다음과 같은 꿈을 꿨다.

나는 마녀 같은, 아주 늙은 여자를 방문한다. 그녀가 키우는 독사 두 마리가 내 질 안으로 들어왔다. 나는 겁에 질려 그들을 빼내려고 한다. 그녀는 두 마리가 함께 있는 한 물지 않을 것이라고 말한다. 나는 긴장을 풀고 묘한 안전감을 느낀다. 나는 내가 그들을 같이 두어야 한다는 것을 안다. 마녀의 딸이 와서 나를 도와주겠다고 한다.

여기서 수태시키는 뱀들은 대극들로, 하나로 묶일 때 에레쉬키갈의 심연과 의식의 원형적인 수준에 있는 것과 같다. 그것들은 동의하는, 균형 잡힌 자아의 그릇을 통해서 수정하고 보호할 수 있다. 그것들은 파괴하지 않고, 새로운 "딸"의 그림자를 불러온다. 그 그림자 꿈을 꾼 사람은 "혐오스러울 수도 있지만 자기 자신의 목소리로 주장하고, 그것을 찾기 위해 깊은 내면을 들여다보는 여성"과 연관된다.

이러한 여성 모두 어두운 여성을 섬기기 시작했다. 그녀들은 자신이 개별적으로 경험했던 현실 자체에 속한다고 느끼며 그 기반 위에 단단히 서는 것을 통해 —비록 그들이 불쾌하거나 비정치적으로 보여지더라도, 옛스러운 감정적 사랑의 형태와 상냥하고 충성스럽고 선량하고 "건강"하게 있음으로써 얻었던 편안감을 파괴해야 할지라도 집단적이고 가부장적인 적대감과 맞섬으로써 새로운 에너지를 경험한다. 어둠의 여신의 악마적인 힘이 선포되기 전까지는 여성이 딸에서 비인간적인 형태의 가부장제의 힘에 대항할 수 있는 성인으로 성장할 힘이 없기 때문이다.

이전에는 꿈과 몸에 난 낭종에 압축되어 있었던 자신의 잠재적인 정감을 주장하기 시작한 한 여성은 다음과 같은 꿈을 꾸었다.

한 남성이 그가 필요 없을 때는 떼어 버리는(그의 인간성으로부터 분리된) 거대한 남근으로 딸을 추행한다. 그의 딸은 너무 작기에 그녀가 느끼는 공포를 말할 수 없지만 치료가가 해설할 수 있게끔 인형을 통해 그것을 재연한다.

이 꿈에 대한 작업은 이 여성이 이름 붙일 수 없고 끝낼 수 없어서 평소 아니무스가 주도하는 방식으로 조정된 그녀의 어린 시절의 학대 경험을 끄집어 냈다. 더 깊은 회상(回想)은 그녀가 여전히 자신의 비언어적 감정들을 어린 시절 술 취한 아버지가 여리고 어린 그녀의 자기에게 드러냈던 것과 같은 경멸적인 냉담함으로 다루고 있다는 것을 깨닫게 하였다. 다시 말해서 그녀의 아니무스는 여전히 그녀를 괴롭히고 있는 것이다.

몇몇 여성들은 여신의 양(陽)의 기운과 가부장적인 비판적 아니무스의 양 사이에서 느껴지는 차이를 표현했다. 한 사람은 이렇게 말했다. "그 안에 남근이 있는 자궁처럼 느껴지는 힘이 있다. 그것은 잘라내기도 하지만 나를 양육하고 돌본다. 그것은 나에게 어느 정도 우호적인 힘이다." "오직 자르기만 "하거나 강력하게 몰아붙이고 집중하며 아폴

로적인 거리에서 화살을 쏘는 듯한 아니무스의 양의 기운과 달리 여성스러운 양은 더욱 구체적이고 단단하게 접지된 느낌을 준다. 그러면서 더 산만하다. 그것은 전체에 종속된 부분들의 객관성을 계속 보면서 시간과 지각된 정감을 통해 전체적 게슈탈트와 어느 정도 관계를 유지한다.[83]

여성의 꿈에 그녀를 관통하는 남근이나 남근적 물체가 나타나는데 그것은 대개 저속하고 거무스름하며, 까다롭고 자기 멋대로이며 열정적인 것(그들은 본질적으로 긍정적인 것으로 보여진다)들보다 더 자주 나타나지는 않는다. 그러나 처음에는 훌륭하고 좋으며 깨끗한 자아상이 그것들을 마녀나 역겨운 것으로 여기며 경멸하고 두려워하며 자아이상을 직관적으로 알아채고 전달하는 두려운 힘으로 파악한다. 어떤 여성이 가져온 꿈이 이것을 잘 보여준다.

나는 한 무리의 여자들(그녀는 그녀들을 강하고 거리낌없이 말하는 사람들로 표현했다)에게 잡혔다. 그녀들은 나를 돌로 만든 테이블 위에 올려놓고 희생 제물로 삼으려고 한다. 그 여성들 가운데 한 명은 가운 밑에 혹을 달고 있었는데 그것은 남근이 아니라 거대한 칼이었다.

그녀는 "어떻게 이렇게 착하고 작은 나에게 그럴 수 있죠?"라고 외치면서 말을 마쳤는데, 이것은 그녀의 감상적인 페르조나가 진정한 자기 주장을 얼마나 두려워하고 회피하는지에 대한 예를 제공한다.

4장 대극적인 여신: 두 자매

대극적인 여신

나는 어떤 여성의 입문적인 꿈을 통해서 이난나의 하강에 대한 신화를 처음 접했다. "저는 자매를 찾기 위해 바다 밑바닥까지 내려갑니다. 그녀는 고기를 매달아 놓는 갈고리에 걸려 있습니다." 그녀의 자매가 이난나의 결실을 맺고 믿을만한 관계를 맺는 역량과 유사한 것을 보아 이 이미지는 그녀가 무의식 깊은 곳에 매달려 있는 다면적이고 열정적이며 강한 여성의 자질을 찾고 그것을 의식적인 삶으로 되돌려야 할 필요성을 시사했다. 그녀는 자신이 외계인이고 지옥으로 추방당한 느낌을 가지고 살았으며, 이난나의 이미지로 상징되는 에너지보다 에레쉬키갈의 어두운 영역에 더 가깝게 느껴졌다.

처음에 나는 그 고기를 매다는 갈고리를 그녀의 가정에서의 경험과 그녀의 아니무스와 연결된 악랄한 냉담함으로 이해했다. 2년 동안 분열성 방어기제의 해제가 진행되기 전까지 나는 이난나에 대한 확충을 발견하지 못했고, 그녀는 스스로 하계로 내려가는 중이었다. 그때 나는 그 과정의 끔찍하게 느린 과정 ―문에서 문으로― 이 올바른 속도라는 신화의 가르침에 감사했다.

이 여성은 가부장제의 가치와 자신을 동일하였다. 그녀는 대학원 과정이었고 영웅적이고 똑똑했으며 매력적인 사람이 되고자 노력하고 있었다. 그러나 그녀 안에는 분노와 두려움이 가득했고 동성애자인 남성하고만 관계 되었다. 그녀의 꿈은 신화 자체가 그랬듯이 병적으로 눌렸거나 건강하거나 하는 것과 상관없이 상계의 여성성과 하계의 그림자를 함께 연결할 필요성을 시사하였다. 왜냐하면 여성이 자신을 그 순환으로부터 동일시하지 않고 전체성의 패턴을 초개인적으로 숭배하기 위해서는 그 안에 있는 자신의 자아-이상의 죽음을 겪어야하기 때문이다. 이 이상(理想)을 유지하는 것은 하계에서 여성성의 전체성 패턴의 일부를 억압하는 것과 연결되어 있다.

*

이 시(詩)에서 에레쉬키갈은 이난나의 자매로 나온다. 그녀는 이난나의 그림자나 보완이다: 두 여신은 함께 원형적 여성의 대극적 전체성의 패턴, 위대한 여신의 어머니-딸의 이위성biunity을 만든다. 이것은 위와 아래의 이난나의 별과 비슷하다. 왜냐하면 사랑과 창부의 젊은 처녀 여신은 "시작의 여성적인 우로보로스적 여신과 '똑같이' 놀라울 정도로 자주 나타나기 때문이다."[84] 위대한 위의 여신은 사랑하는 연결과 열정적인 괴리가 포함되어 있는, 생명 에너지가 서로 활발하게 결합하고 함께 흐르는 모든 방식을 상징한다. 그것은 아래 있고 너무 자주 억압되는 에너지는 자력으로 되돌아가려는 자기 보존적인 내향으로 내려가는 에너지이다. 그것은 여성이 혼자 살아남기 위해서 자기 자신하고까지 분리될 수 있게 만드는 에너지이다.

심리학적으로 우리는 이 두 가지 에너지 패턴을 여성 심리학에서 기본적인 공감적이고 자기-고립적인 양상으로 나타내는데, 이러한 양상은 내부, 외부에 있는 모든 동반자 —자녀, 창조적인 계획, 연인 심지어 여성 자신의 자율적인 정동과 인식과 생각들 —와 연관지어서 바라볼 수 있다. 다른 것을 원하고 또 적극적인 사랑과 치열한 포옹으로 파트너십을 감싸는 적극적인 참여, 이것이 이난나다. 다른 것에 대해서 무관심한 채 혼자, 심지어 차갑게 뒤로 아래로 빙글빙글 도는 것, 그것이 에레쉬키갈이다.[85]

이 신화는 우리에게 변덕스러운 것은 병리적인 것이 아니라고 말한다. 그것은 오히려 삶과 변화의 대극적인 여신에 대한 섬김이다. 많은 여성들은 그 순환의 분리된 일부분에 잡혀서 겉으로 보이는 무자비한 차가움에 부정적으로 반응하고 가책감을 느끼며 우울에 빠진다. 아니면 자신들의 온전함에 대한 위해로 느껴질 때조차 (자기Self가 무의식적인 냉담, 거침없음을 통해 자신의 요구를 강요할 때까지) 거기 집착한다. 그 이유는 그들이 대극적인 전체성의 패턴을 알아보지 못하기 때문이다.

우리는 이러한 패턴을 많은 여신들의 쌍에서 본다: 아테나와 메두사, 하늘의 아프로디테와 운명의 여신들 가운데 맏이인 우라니아Uranian 아프로디테, 어머니 칼리Kali와 집어삼키는 칼리-두르가Kali-Durga. 달의 밝고 어두운 면. 우리는 이 쌍들이 월경의 주기적 순환의 두 가지 에너지, 즉 배란기(흰)와 생리기(빨강)와 관련이 있다고 생각할 수 있다.[86] 이 두 개로 갈라짐은 가부장적으로 편향된 여성의 꿈 이미지에서 종종 여성의 몸을 허리 위와 아래로 나누는 것으로 나타난다. 상부는 여성의 더 양육적이고 문화적이며 개인적으로 "좋은" 면과 "연관되는" 면을 암시하고, 하부는 "추하고" "냄새나며" 비인격적이고 "부정적"이며 공격적이고 간절한 에너지를 암시한다. 우리의 문화적 분류는 수메르인들이 했던 것과 내용이 같지 않은데, 가령 이난나는 그녀의 외음부를 솔직한 기쁨으로 축하하고 그녀의 힘을 즐겼다. 또 우리 문화 안에서조차 일반적이고 개별적인 차이가 있다. 가부장제의 지적이고 성취지향적인 딸들에게 억압된 것은 언제나 어머니나 아내의 역할에 갇힌 이들로부터 폄하되거나 무시되는 것은 아니다.

일부 여성들은 자신이 이 신화에서 보여지는 여성의 이미지, 즉 이난나의 에로틱하고 적극적인 면에 완전히 사로잡힌 것을 발견한다. 그녀들은 이 상층 세계 여신에게서 그들이 이전에 두려워했던 자신들의 에너지의 반영을 본다. 그것은 마치 그녀들의 정신의 하계에 잡혀 있는 그녀들의 즐거운 성욕의 가능성을 구출해야만 할 것 같은 느낌을 준다. 그리고 이미 자신의 에로틱한 능력이나 그것을 능동적으로 행사하는 것을 편안하게 인식하는 또 다른 여성들은 에레쉬키갈의 모습에서 묘사된 인내하는 수용력과 발생과정의 잠재력을 만나야 할 필요성이 있다. 그녀들은 자신의 잠재적인 전체성의 실현 과정을 계속하기 위해 (사회적으로) 수용되는 행동 패턴에서 일시적으로 내향적인 기간(또는 실제 임신이나 우울)으로 "하강"해야 할지도 모른다.

그러나 패턴이 어떻게 그려지거나 구체화되든지 간에 그것은 거기에 있고, 대극적이다. 왜냐하면 교대 방식과 오가는 방식이 여성적인 자기feminine Self의 기능이기 때문이다. 그리고 그것을 경험하는 것은 변화하고 주기적으로 순환하는 여성성의 또 다른 양상이다. 그것은 시간의 흐름에 따라서 변화하고 처음에 한 단계, 그리고 그 다음 단계로 나타난다.

그래서 이 신화는 우리에게 삶을 향상시키는 순환의 패턴을 가르쳐 준다. 이난나는 현대 여성들이 하계의 마법과 원형적인 의식 수준으로 나아가는데 필요한 내향과 퇴행에 동조하고 협력해야 하는 것처럼, 자신의 희생을 향해 적극적이고 의식적으로, 단호하게 저승으로 나아간다. 그녀는 자신의 본능적인 출발점을 만나고 위대한 여신과 의식이 생기기 전의 자신의 얼굴을 보기 위해, 그것들을 분류하여 수용될 수 있는 것으로 만들었던 이전의 초개인적 에너지의 모체로 내려가야 한다. 그것은 아래에 있는 것 — 그것을 향하여, 그리고 그것을 위하여 — 의 희생이다. 이렇게 볼 때 이난나는 그리스도와 오딘의 원형이다. 아니면 그녀는 땅 속에 있는 행성계의 영역을 구체화하는 영지주의자 소피아의 조상이다.

어머니나 자매와의 근친상간

나는 여신의 대극성에 어머니나 자매와의 근친상간의 주제가 분명히 암시되어 있기 때문에 그것을 다루려고 한다. 이 주제가 여성에게 많은 것을 함축하고 있기 때문이다. 지금의 맥락에서 그것은 "어머니의 어두운 힘들을 파괴하거나 회피하기보다는 오히려 그 힘과 협력하는 방법"이다.[87] 에로틱한 유대는 여성이 의식적으로는 스스로 접근한 적이 없었을 자기 자신 안에 있는 긍정적인 그림자적 자질과 친밀하게 연결되도록 한다. 또한 그것은 그녀와 비슷하고 그래서 그녀의 타당성을 충분히 입증할 수 있는 누군가와 친밀하게 다시 연결되도록 한다.

어머니와 딸 사이 그리고 대등한 여성들 사이에 사랑의 신비가 내포되어 있다. 앤 섹스턴Anne Sexton은 그녀의 시 "이중의 이미지"에서 "거울의 동굴, 자신을 응시하는 이중적인 여성"에 대해 노래하였다. 치료 중인 어떤 여성은 "거울을 보고 나와 똑같은 여성을 보았다. 그래서 나는 유효하고, 안전하다"고 하는 꿈을 꾸었다. 그 거울을 아드리안 리치Adrienne Rich는 "둘이 하나로 보이는 거울 / 그녀는 당신이 자매라고 부르는 이이다"[88] 라고 말한다. 또 다른 여성은 두 자매가 서로 껴안고 있는 모습을 반복적으로 그리면서 "밀착된 두 개의 몸은 마치 한 사람 같았다"고 말하면서 이렇게 설명했다: "껴안고 있는 두 자매는 강한 한 사람을 만듭니다. 그리고 그것은 내가 어머니의 돌봄을 필요로 하지만 나 자신 이외에는 그렇게 해줄 수 있는 사람이 없을 때 나 자신을 안을 수 있는 방법이다. 자매가 자매에게 해주듯이, 내가 나 자신에게." 그녀는 자신의 여성 치료자를 "자매"라고 부르면서 그녀에게 쪽지를 썼다. 이난나가 에레쉬키갈을 자매라 부르는 것도 언어적인 형식뿐만이 아닌 것이다.

이 근친상간은 여성에게 자기-가치를 증명하게 하고, 그녀에게 외적 집단의 속박에서 벗어나 그녀의 여성적 영혼과 함께 나아갈 수 있게 하는 우로보로스적 양육uroboric nurture, 공생적 유대의 수준을 암시한다. 그것은 삼키는 이미지, 심지어 치료를 삼키는 이미지와 자주 연관되는데, 이것은 여전히 거울로만 보이는 둘 가운데 한 쪽의 영혼, 그 조각을 받아들이는 것이다. 어떤 여성은 다음과 같이 말했다. "나는 그저 당신이 조용히 거기 앉으면 좋겠어요. 그렇게 당신을 다시 먹어버릴 수 있도록 말입니다." 또 다른 여성은 자신을 "거기 모든 것 밑에서 매달린 채로, 당신이 보는 앞에서 나의 분노와 식탐과 나태를 삼키며 … 스스로를 잡아 먹는 민달팽이"라고 묘사하면서 "왜냐하면, 당신도 그렇게 했다는 것을 느꼈기 때문이에요"라고 말했다. 우로보로스적 펠리컨(연금술 순환 용기)처럼 그녀는 이전에 소외되었던 그녀 자신의 본능을 써버릴 필요가 있다고 느꼈다. 그녀는 여전히 처음에 그것들을 이상화하지 않으면서도 그것들의 실체를 받아들일 필요가 있다고 느꼈기 때문에 그것들을 죄스러운 것으로 낙인 찍기 위해서 사용했던 이름들로 불렀다.

치료에서 이 수준을 건드렸을 때, 즉 아니무스의 방어적인 태도를 녹이고 욕구와 감정을 능동적으로 표현할 수 있는 능력을 가지고 재탄생할 수 있게 하는 우로보로스적 병합이 일어날 때, 여성 치료자에 대한 강렬한 성애적인 전이가 자주 일어난다. 어떤 여성은 적극적 상상active imagination속에서 여성인 치료사와 함께 바닥을 뚫고 깊은 수영장에 빠지는 동안 성교를 하고 그녀 안으로 들어가는 느낌을 받았다. 이 여성은 자신이 액체로 변하여 치료사의 따뜻한 몸 속으로 녹아드는 것을 느꼈다. 지극히 행복한 무의식적 시간을 보낸 다음 그녀는 자신이 "한 줄기 빛으로 마리아의 자궁 안으로 들어간 아기처럼" 2인치 쯤 되는 아기의 모습으로 나타나는 것을 느꼈다. 이 아기는 치료 과정에서 자랄 수 있게 되었다. 어머니와의 이러한 근친상간은 치료적 용기container 안에서 상처입은 자아-아니무스가 치유되고 용해되는 것을 가능하게 하여 새로운 전체성 패턴으로서의 자기Self-아이가 태어나고 자라는 것을 가능하게 만든다.

모든 사랑 관계가 그렇듯 교차 수정cross-fertilization이 여기서도 내포된다. 이난나는 분화된 인식과 적극성으로 에레쉬키갈의 왕국을 휘저어 결과적으로 고통(아마도 출산)을 의식하게 만든다. 그녀는 그 대가로 자신의 죽음과 재탄생, 목격하는 힘 그리고 내향화된 존재로서 새로운 힘을 받게 된다. 지상에서 이난나는 풍요의 뿔cornucopia과 같고 밖으로 쏟아져 나오며 열정적으로 입문시킨다. 아래에서 그녀는 수동적이고 그녀 자신이 입문자이다. 그녀는 용해되어 삶의 과정의 수령인이다—아이가 아니라 존재 자체의 발생단계로 겉보기에 가장 부정적인 양상으로서 하계의 발생단계로 부패한다. 그것과 동시에 에레쉬키갈은 적극적으로 되고 자각하게 된다. 두 여신 사이의 교차 수정은 서로에게 그들의 창조적 능력에 심오한 영향을 끼친다. 그것은 궁극적으로 상층 세계와 하부 세계 사이의 관계를 변화시키고 상층 세계에서 새로운 남성-여성의 균형을 만들어낸다.

분석적 용기에서 정신의 마술적 단계와 원형적 단계로 진행되었을 때 일어나는 불가피하고, 강렬한 전이-역전이를 통해 이러한 심오한 교차 수정이 일어난다. 양쪽 모두 서로 공유하거나 상호보완적인 콤플렉스에 의해 깊이 접촉하며, 이 민감한 지점을 통해 배열된 원형적인 에너지 패턴을 연결해야 한다. 융이 말한대로 작업이 하강하기 시작하는 단계라면 두 사람 모두 긴 여행을 함께 했기 때문에 모두 변화하게 된다. 분석가가 그 영역에서 이미 많은 것을 경험했다 할지라도 각각의 분석자가 새롭게 여는 영역이 존재한다. 그래서 항상 새로운 경험, 새로운 통찰, 새로운 놀라움, 그리고 끝없는 정신의 영역으로 더 깊거나 더 넓게 들어가는 새로운 개방이 있다.

약한 어머니를 적극적으로 부인하고 지적이고 남성적인 정신에 지나치게 동일시해 온 아버지의 딸의 분석에서 흔히 볼 수 있는 어머니와의 근친상간에는 또 다른 측면이 있다. 그녀들에게 어머니는 벗어나려고 노력했던 열등함의 모델이었다. 그래서 어머니와의 근친상간은 어머니와 공유하는 자질에 대한 고통스러운 각성이 될 수 있으며, 경멸당하고 폄하되는 여성과의 정체성이 될 수 있다. 어떤 여성은 아버지의 그림자를 탐색하고 그와의 동일시에서 나온 다음 자신의 어머니에 대해서 생각하기 시작했다. 그녀는 "나는 어머니의 삶을 반복했습니다. 나는 내가 아버지와 같은 줄 알았고, 그가 가장 편애하는 사람인 줄 알았습니다. 그러나 이제 나는 내가 그녀와 같다는 것을 알게 되었습니다. 그녀는 완전히 복종했고 그의 소유였으며 비굴하게 살았습니다. 우리 둘 모두 자기 자신을 잃었습니다." 또 다른 여성은 친정에 다녀온 후 "나는 그녀처럼 싸구려이고 비열하며 증오스럽고 남에게 잘 보이려고 하며 겁에 질려 있어요. 나는 내가 매우 강하고 똑똑해서 그런 것에서 벗어났다고 생각했습니다." 어머니의 부정적인 그림자를 볼 수 밖에 없었던 또 다른 여성은 그녀가 자신에게 상처를 주었다고 느꼈던 자질과의 연관성을 조사하기 시작했다: "나는 항상 그녀의 심술궂은 시기심을 싫어했지만, 나도 비슷하다는 것을 알아요. 그녀는 노숙자들을 들이고 자기 자식들은 밀어냈어요. 나도 나의 학생들을 챙기면서 나 자신의 욕구를 무시합니다. 별반 다르지 않아요."

이 모든 예에서 개인적인 어머니는 어머니에게 투사된 여성의 부정적인 그림자와 동일하다. 성인이 된 아버지의 딸들은 그녀들이 어머니와 공유하는 나약함과 자기 혐오의 유대를 보는 것이 굴욕적이라고 생각한다. 그 통찰은 그녀들을 현실에 박아두고 그녀들의 영웅적이고 거창한 자아-이상을 파괴하며, 그녀들이 상처 입은 여성과 동일시하면서 —강간당하고 경멸당한 에레쉬키갈의 말뚝에서 썩는 이난나와 거의 같은 식으로—고통을 받고 우울로 내려가기 시작한다.

  부정적인 그림자의 특성이 더 넓은 문화적 맥락에서 해석되기 전까지 딸은 특히 저주받은 것 같은 절망감을 느낀다. 여기서 여성적인 관점은 치료에 도움이 된다. 모든 여성들이 문화적으로 폄하당하는 것을 보면 여성이 자신의 삶을 살고 자녀를 뒷받침하는데 있어서 나약하고 부족한 것이 그녀만의 잘못이 아니라는 것을 의미한다. 원형적인 문화적 관점은 개별적인 어머니로부터 그녀의 책임을 제거하며 노년기까지 지속되고 자기 수용을 막을 수 있는 충족되지 않은 요구, 상처, 좌절, 복수의 순환으로부터도 그 책임을 제거한다. 여성적인 관점은 자기self와 어머니를 공감적으로 목격하는 태도를 가능하게 하면서 문제를 재구성하는데, 이것은 앞으로 보게 될 엔키의 문상객들의 행동과 비슷하다.

5장 하강, 희생, 혁신

하강

 융 학파 분석에서 하강은 작업 과정에서 흔하게 일어나는 주제이다 (나는 여기서 여성의 경험만 다루기는 하지만, 그것은 남성과 여성 모두에게 다르지만 같게 적용된다). 우리는 그 여정을 감당할 수 있을 만큼 충분히 강해지고 무의식의 해방을 위해 기꺼이 리비도를 희생할 수 있게 될 때까지, 자기Self가 지하계에 묻은 것을 더 많이 퍼올리기 위해 삶을 섬기며 하강 또는 내향화한다. 가장 어려운 하강은 우리가 사지를 절단당하는 듯한 고통을 느끼는 원초적이고 우로보로스적인 심층으로 내려가는 것이다. 그러나 터널이나 배나 자궁으로 내려가고, 산으로 들어가며, 거울을 통과하는 것으로 그려지는 하강도 많다. 기본적인 상처의 정신-신체적인 수준에서 작업하기 위해 초기의 상처의 심층으로 내려가 분해될 수도 있는 모험을 하기 전에 우리는 경직성을 풀고 에너지를 배양하는 더 쉬운 작업을 할 필요가 있다.

 이러한 가장 깊은 하강은 의식적인 인격의 급진적 재편성과 변환으로 이어진다. 그러나 무당이나 이난나의 여행처럼 거기에는 실질적인 위험이 많이 존재한다. 다행히 치료자는 무의식의 도움으로 치료할 때 하강을 '관리'하고 동반할 수 있지만, 그 중에는 그의 능력을 넘어선 추락이나 정신질환적 삽화의 보이지 않는 틈이 열리는 경우도 있다. 하강은 다양한 의식 수준으로의 진입을 제공하고 삶을 창조적으로 향상시킬 수 있다. 그러나 그 모든 것은 고통을 내포하고, 입문식 역할을 할 수 있다. 명상과 꿈과 적극적 상상 모두 하강 양식이다. 우울증, 불안 발작, 환각제를 사용한 경험 또한 마찬가지다.

이난나의 하강의 인과적 의미는 학자들에게 혼동을 주었다. 이 신화의 가장 이른 판본에 나오는 두무지-탐무즈의 상승의 경우, 그녀가 그를 아직 내려보내기 전이기 때문에 그녀의 하강과의 연관점을 찾을 수 없다. 이후의 이슈타르 판본들은 죽은 자를 살리는 여신과 이 하늘의 여왕의 침략에 에리쉬키갈이 자신이 가지고 있는 것(위의 세계에서 죽은 자)을 빼앗길 것처럼 반응하는 것으로 그리며 그녀의 두려움을 암시한다. 그것은 심지어 그녀가 다른 의식의 차원에서 자신과 직면하여 자신의 비참함을 느끼게 되는 것, 말하자면 자신의 고통을 인식하게 되는 두려움을 의미할 수 있다.

학자들은 이난나가 진술한 자신의 하강 이유를 단순한 변명으로 일축하기도 하였다.

> 나의 언니 에레쉬키갈,
> 그녀의 남편, 군주 구갈안나가 살해당하여,
> 그의 장례식에 참석하기 위해 … 그렇게 하여라.[91]

그러나 나는 그 말이 진심을 담는다고 생각한다: 이난나는 구갈안나의 장례식에 참석하기 위해 하강한다.

구갈안나라는 이름은 "하늘의 큰 황소"를 뜻한다. 황소는 남성성의 태초의 에너지의 상징이고 수태시키는 자연의 힘의 상징이며, 수메르에서 황소는 다양한 지역과 하늘의 신들과 연결되어 있다. 원초적인 신 안An은 "다산의 혈통을 가진 황소"[92], "위대한 야생 황소"[93]라고 불린다.

하늘의 황소를 창조한 이도 그이며, 이슈타르는 바로 이 하늘의 황소에게 자신을 모욕한 길가메쉬를 응징할 것을 요구했다.[94] 달의 신 난나 Nanna는 하늘의 황소가 되는 초승달 뿔을 가지고 있다(나중에 그는 소치기들의 신으로 여겨진다). 엔릴은 또 "힘의 의인화"[95]와 "자연의 생명을 되살리는 봄바람"[96]으로 여겨진다. 엔릴을 닌릴-에리쉬키갈의 남편이며, 아마 시에 나오는 구갈안나일 것이다. 황소는 황소좌의 땅의 표식으로서, 물의 표식인 전갈좌의 반대편에 있는 봄의 점성술적 표식이다. 이난나-이슈타르는 때때로 그녀의 남성 시종인 전갈과 함께 그려진다. 또한 그녀는 땅의 다산성fertility의 구체적 실현이며, 황소는 그녀를 보완하는 남성적 힘을 상징할 것이다. 그의 죽음은 분명히 그녀에게 그녀가 하강할 때뿐만 아니라 길가메쉬 서사시에서도 특별한 염려를 불러일으킨다.

"군주, 구갈안나가 살해당했다." 내 생각에 구갈안나는 엔릴의 지하계적 측면이다. 시는 이난나가 하늘의 신의 억압된 그림자를 목격해야 한다고 암시한다. 엔릴이 강간범이었고 그 때문에 지하세계로 추방되었다는 사실이 이를 뒷받침한다. 하늘 아버지 신들은 그저 순수하고 존경받을 만한 존재들이 아니다. 가부장적 신들은 넓은 아래 측면, 무의식 속에 쪼개진 커다란 그림자를 가진다. 이 시는 그림자가 황소와 같은 열정, 날것 그대로의 욕망과 힘, 가학적인 맹렬한 폭력, 악마적인 괴롭힘과 같다는 것을 암시한다. 이 고집스럽고, 완고하며, 방어적인 신들의 그림자는 가부장제와 그것의 영웅적인 이상(理想)으로서 여성들을 압도하고 통제하며, 그 통제력을 유지하기 위해 고군분투하는 이상, 돌격적이고, 유희적인 감수성과 공감적 관계를 파괴하는 이상들이다. 이난나의 하강은 원형적인 가부장적 그림자과의 대립을 시사한다. 그녀는 아버지들의 한계를 보고 억압되었던 것을 목격해야 한다. 그녀는 에레쉬키칼을 되찾아야 한다.

심리적으로 볼 때 현대 여성들에게 황소의 죽음은 한 때 초자아를 키우고 자라게 했던 것이 더 이상 기능할 수 없게 되었다는 사실을 암시한다. 조상들로부터 내려온 아버지의 규율이 힘을 잃고 그와 함께 아버지의 딸에게 정체성을 제공하였던 아니무스적 이상과 명령들 역시 무력화 되었다. 탈동일시는 여러 가지 방법으로 일어날 수 있다. 모델로 삼고 이상화했던 아버지 상의 허울을 보게 되었을 때 여성은 감춰진 인간의 나약함을 깨달으면서 이상(理想)에 강박적으로 끌려가는 것으로부터 해방될 수 있다. 아버지의 삶의 실상을 직시한 어느 여성은 다음과 같이 말했다. "아버지의 힘과 지성은 오즈의 마법사 같은 것이었어요. 커튼 뒤에 있는 그는 자신의 사업이나 겨우 건사하면서 거드름이나 피우는 남자에 불과해요." 자신의 아버지가 심문자Inquisitor로 등장하는 꿈을 꾼 또 다른 여성은 목사인 그가 그녀에게 심어준 기독교적 덕목 위에 숨은 원형적 그림자를 볼 수 있었다. 꿈의 이미지를 접한 그녀는 경악하며 다음과 같이 말했다. "(꿈에서) 그들은 여성들을 불태웠어요." 그녀는 생전 처음 그녀가 숭배했던 가부장적 이상에 내포된 가학성을 볼 수 있었고, 그것들을 여성성과 자신의 적으로 보게 되었다.

아버지의 딸이 그때까지 그녀를 지탱해준 덕목과 개념의 혼란스러움과 그것들이 자신의 인격과 상관없다는 것을 깨닫기 시작했을 때 비로소 그것들을 놓아주고 에레쉬키갈의 객관적인 명확한 안목을 가지게 된다. 어떤 여성은 그녀의 아버지에게 결여되었던 일관성을 로켓(사진 등을 넣어 목걸이에 다는 작은 갑-역자 주)으로 형상화했다. 그 안에는 그가 그녀에게 부여했으며 그녀를 흔들었던 혼돈스러운 꼬리표들이 담겨져 있었고 그것들은 변덕스러운 바람에 휘날려 거기에 쓰여진 내용을 읽을 수 있었다. 그녀는 그 내용들이 자신의 현실과 거의 관련이 없다는 것을 알면서도 진정한 상실감을 느꼈고, 자신의 삶에 의미를 부여했던 정체성 체계의 종말을 애도했다. 그 의미는 현실에 기반을 두지 않았지만 —그녀는 거대한 대들보가 하늘에 매달려 그녀를 위협하는 꿈을 꾸었다—그 환상이 그녀의 삶에 자양분을 주었던 것 같았다. 그것의 상실과 직면하는 것은 아버지의 딸에게 있어서 죽음을 애도하는 것과 같다. 뒤따르는 우울 속에서 그녀는 여성을 강간하고 위를 아래와 분리했던 그녀의 이상에 대한 고착에서 나와야 한다. 그녀는 내향화하고 자신을 희생함으로써 자신의 옛 정체성이 해체되는 고통을 겪어야 한다. 이런 식으로 그녀는 이난나를 따라간다.

이난나의 죽음-결혼

여신은 하늘의 황소의 죽음을 목격하기 위해 하강한다. 신화의 다음 부분은 그녀의 죽음-결혼을 담고 있다. 어둠의 여신의 남근적 기둥에 관통당하는 것은 어머니의 양(陽)의 측면과의 근친상간을 의미하며 이는 결혼을 내포한다. 신화에서 이난나는 마치 신부처럼 차려 입고, 눈에는 "그를 오게 하라, 그를 오게 하라"는 연고를 바르고 몸에는 "이리와, 사람아, 이리 와"라는 가슴받이를 하고 하강한다. 그녀는 처음에는 망자(亡者), 즉 하늘의 황소를 살리기 위해 자신의 유혹적인 힘을 사용하는 것을 원하는 것처럼 보인다. 하지만 그녀는 장례식의 "증인"으로서, "그리 되옵소서"라고 말한다. 마치 자신에게 일어날 것을 분명히 알고 묵인하는 것처럼 말이다. 그것은 그녀의 장례식이기도 하고 그녀는 그것을 준비하는 것이다. 그래서 그녀는 지하계에서 잠자는 강력한 힘을 받기 위해 자신을 열 수 있다. 그녀는 여느 입문자처럼 새로운 힘과 지식을 얻기 위해서 용감하게 그녀 자신을 희생시키려 한다.[97] 다시 태어나기 위해서 죽어야 하는 씨앗처럼 곡창의 여신은 굴복한다. 시에 나오는 장인(匠人)들의 창조 과정에서 깨지는 좋은 금속과 좋은 돌과 좋은 회양목처럼[98] 이난나는 새로운 창조를 위해 스스로 깨지는 것을 허용한다.

희생과 에너지의 교환

희생은 원초적인 다산 의례rites의 기초이다. 이난나는 다산성의 죽음을 증언하고, 자신을 씨앗으로 삼으면서 그녀 자신을 희생제물로 바친다. 그녀는 잃어버린 근원을 다시 채우기 위하여 자신의 리비도를 바친다. 그녀가 바치는 것은 계속적인 창조를 가능하게 하는 자발적인 공양이다. 엘리아데는 이렇게 말하였다.

식용 식물의 탄생에 대한 신화는 … 항상 신적인 존재의 자발적인 희생을 수반한다. 이것은 어머니, 어린 소녀, 어린아이나 남성일 수도 있고… [이 극도로 널리 퍼진 신화 주제에서] 근본적인 생각은 삶이 희생된 다른 삶으로부터만 나올 수 있다는 것이다… 폭력에 의한 죽음은 희생된 삶이 … 다른 차원의 존재에서 명백해진다는 의미에서 창조적이다. 그 희생은 거대한 변화를 가져온다.[99]

대지의 어머니에 대한 의례rites에는 신성혼hierosgamos과 그렇지 않으면 폭력적인 죽음이 내포되어 있다. 집단 의식ritual에서 희생된 사람은 공동체의 희생양이다. 제물은 "좋은 농작물, 계절, 그리고 건강"을 위하여 땅의 여신에게 바쳐진다.[101] 에릭 노이만에 따르면,

어머니의 남성male, 즉 그녀의 아들의 희생 이전에는 딸의 희생이 있었다. … 제물은 여성이고 또 어떤 날은 어린 소녀였는데, 그녀는 (옥수수로서) 땅의 여신의 역할을 하였다. 그녀는 참수되고 그녀의 피는 과일, 씨앗에 뿌려져서 그 증식을 돕는다….이 다산 의례의 본질적인 요소는 여신으로서의 여성의 참수와 그녀의 피의 열매 맺는 희생과 그녀의 육체의 가죽 벗겨짐, 그리고 그녀의 피부에 대한 … 사제의 투자investment이다.[102]

이러한 의식은 널리 퍼져 있었는데, 고대 멕시코 포니족 사이에서,[103] 그리고 어쩌면 수메르인의 조상들 사이에서도 그러했다는 증거가 있다. 아테네에서 돼지의 희생과 그 살이 썩어 비료가 되었을 때 토막 내는 것은 아마도 이와 유사한, 그 이후의 형태로 땅에서 땅으로의 희생의 필요성을 드러내며 거기서 새로운 생명이 태어난다.

우리는 이난나가 하계에 있을 때 아무것도 자라지 않았고 교접하지 않았다는 것을 알고 있다. 땅은 척박했다. 여신은 자신을 희생하며 물러났다. 첫 번째 제물이다. 이 희생의 관점에서 우리는 이난나가 삶의 균형을 유지한다는 것을 알 수 있다. 그녀는 "가장 높은 하늘"에서 "땅의 가장 깊은 바닥"으로 간다. 그녀는 높았던 만큼 낮아져야 한다. 외향적이고 활동적인 것에서 정체된 수동적인 고기가 되어야하고, 분화되었으며 이상적인 것에서 미분화되었으며 원초적인 것으로 되어야 한다. 그렇게 되어야 위대한 순환이 요구하는 균형이 유지될 수 있다. 그것은 리비도를 내주고 쇄신을 얻는 교환이다.

우리는 이 신화에서 본래의 희생양은 속죄를 위한 제물과 무관하다는 사실을 알 수 있다. 거기에 윤리는 개입되지 않았다. 전체적인 삶의 체제에서 에너지의 균형을 유지하기 위해서 필요한 에너지 보존의 자연법칙만 존재한다. 다른 희생의 음식 없이는 아무것도 변화하거나 자라지 않는 것이다. 이것은 여성의 출산 경험의 기초이며, 생명을 창조하고 유지하는 모든 피의 신비이다. 모계 의식과 현대 물리학은 그것을 알고 있다. 그것은 심리학과 모든 종류의 변환의 기초이며, 융의 리비도 이론은 이 심오하고 우주적인 사실에 기초한다.

이난나의 하강과 귀환의 신화는 희생을 통해 에너지를 교환하는 이 원형에 집중되어 있다. 그것은 콤플렉스 유형을 드러낸다: 하늘의 황소는 죽임을 당한다; 땅은 비옥한 원리를 잃고 여신의 공양을 통해서 보상받는다. 이난나는 하계의 고기, 하나의 음식이자 썩어가는 비료가 되고, 결과적으로 그것은 엔키의 근원으로부터 구속되었다. 여신의 부상(浮上)은 에레쉬키갈로부터 괴물 같은 것이 탄생하는 것[104]으로 고통을 당하고 궁극적으로는 대체 제물의 하강으로 지불되어야 한다. 결국 두무지는 그의 누이의 희생으로 상층 세계에서 부분적으로 해방된다. 리비도는 이 원형적인 교환에서 하나의 유형에서 다른 유형으로 옮겨간다. 그 어느 부분도 정적인 상태가 아니다. 모두 삶의 위대한 순환의 역동의 일부로 — 죽음, 희생, 부패, 재탄생 — 작용하고 있다.

심리학적으로 볼 때 교환의 절차적 측면은 고통스럽고 느린 것으로 경험된다. 우리는 어떤 것과 동일시된다고 느끼는 것이다. 우리는 우리가 가장 가깝게 느끼는 그 어떤 측면과도 동일시 되었다고 느끼고, 초월적인 관점에서 유형을 관찰할 수 있을 때 깨달음이 오는 순간 주어지는 부분적인 안도감을 거의 느낄 수 없다. 우리의 우울과 불완전한 이상(理想)이나 환상의 희생이 신화의 의식^{ritual}과 비슷한 리비도의 투자(投資) 방식이지만, 우리가 우리 자신이 우울해 한다고 비난할 때 그 과정은 고통스럽게 느껴지고 상황은 악화된다. 우리는 우리가 소중하게 여기고 많은 것을 지불하여 얻은 것을 내주어야 하는 것이다. 게다가 우리는 그 손실에 대한 보상이 우리가 원하는 방식대로 될지조차 알지 못한다. 희생은 우리의 전반적인 정신 체계의 모든 곳, 우리가 변화를 원하지조차 않는 곳의 에너지의 균형을 바꾸어 놓는다. 우리가 알 수 있는 것은 단지 지하계의 잠재력을 쇄신하고, 연결되게 하는 것은 낡은 패턴을 해체하고, 우리가 어느 수준에서 편안함을 느꼈던 게슈탈트에서 죽는 것이다. 겉으로 보기에 온전한 정체성을 벗어버리는 것이다. 우리의 고통이 아직 심하지 않았다면, 우리는 그런 해체에 거의 다가가지 못할 것이다.

이난나가 하계에서 자신을 회복할 필요가 있다는 것은 여신의 에너지의 영역 안에 있는 대극성의 개념에 내포되어 있다(그러므로 헤라는 매년 회춘하고 소생시켜주는 목욕을 하기 위해서 물러난다). 더 특별하고, 더 심리학적으로 볼 때, 이난나가 하늘의 신에게 자신의 집이 없는 것을 한탄하는 것은 아버지의 딸이 하강할 필요가 있다는 것을 암시한다. 그녀는 자신이 가진 것들을 몰수당했고, 자화자찬과 자기-수용의 초점을 잃어버린 것이다. 그녀는 존재의 절차적인 기반과 기본적으로 여성적인 것 안에서 그녀의 진정한 집을 만들기 위해서 가부장적 신에 대한 그녀의 의존을 희생시켜야 한다. 왜냐하면 그녀는 하늘의 남성 신들의 딸, 자매, 신전 노예로서 그녀 자신의 잠재력이 감소되는 고통을 받았기 때문이다. 우리 가운데 많은 여성들도 우리가 남성 파트너와 우리의 아니무스와 주로 관계를 맺거나 그것들을 통하여 일을 할 때 그 사실을 알거나 심지어 즐기기까지 한다.

어떤 시(詩)는 이난나가 그녀의 형제인 태양신이 주선한 양치기 두무지를 받아들이기 위해서 자신이 선택했던 농부신을 포기했다고 전한다.[105] 그때 이난나는 그녀 자신의 객관적인 감정의 기반을 드러내지 못했다. 그녀는 설득당했던 것이다. 아마도 그것은 그녀에게 불가피하거나 심지어 필요했던 일이었을 것이다. 그러나 삶의 기쁨을 제공하고 남성적인 신들을 섬기는 창부(동지)로서, 그녀는 종속적인 연결고리를 조성하는 것을 통해서 자신을 잃어버릴 위험에 처한다. 그녀는 자신의 가능성을 쇄신하기 위해서 어둡고 용인되지 않는 여성적인 여신으로 돌아가야 하는 것이다. 그것은 방어용 갑옷 방패를 사용하기 위해서가 아니라 — 아테나가 고르곤과 다시 연결되었을 때 무서운 얼굴을 했던 것과 같이 — 내면의 과정을 거쳐서 다시 태어나고, 모든 범위의 여성적인 본능적 유형과 연결되어, 재구조화되게 하기 위해서이다.

통제된 치료적 회귀로서의 하강

내가 나 자신과 집단에서 성공한 딸들인 여성들 속에서 종종 아니무스적이고 가부장제에서 자란 모성적 보살핌을 받지 못한 딸들을 보고 경험한다는 사실은 우리가 기본적인 잘못(마이클 발린트의 용어다) 때문에 고통을 당한다는 것이다. 우리는 우리 자신의 기반에 대한 적절한 감각도 없고, 우리에게 탄력적인 여성, 즉 음양의 균형과 과정적인 자아를 제공하는데 알맞은 우리 자신의 육화된 힘이나 욕구와 접촉하지도 못하고 있다. 우리 인격의 기본적인 수준에 결함이 있는 것이다. 그것은 삶을 향상시키는데 더 이상 기능하지 않는 초자아의 이상(理想)들에 대한 충성, 자아를 퇴보시키고 팽창한 자기-동일시 모드로 현실에서 멀어지게 하는 충성에 의해 유지되는 깊은 파열이다. 그러므로 우리는 경계로, 즉 어둠의 여신의 하계 수준으로 "통제된 퇴행"을 할 필요가 있다. 우리가 알고 있는 형태 이전의 우리 자신으로, 마술과 원형적인 수준의 의식, 그리고 우리를 그곳에서 폭발시키고 양육하는 초개인적인 열정과 분노로 되돌아가야 한다. 몸-마음, 그리고 언어 이전의 무덤-자궁 상태로 돌아가서 깊은 여성성, 융이 말한 "두 어머니"로 돌아가야 한다.[106]

우리는 내리막길에 들어서서 아니무스에 대한 방어와 그것과의 동일시들을 벗는다. 우리는 처음에는 굴욕적이고 파괴적이었지만, 궁극적으로는 더 안전한 원시적인 수준으로 내향화 하는 것이다. 그곳에서 우리는 다른 방식으로 살아남는 법을 배우고 다시 태어날 기회를 기다릴 수 있다. 때때로 우리는 새로운 시각에서 우리의 원초적 시작을 알게 된 것에 사로잡혀서 마치 생명이 정지된 것처럼 오래된 의미로부터 느슨해진 느낌을 받으며, 오랜 시간을 기다리게 된다. 지하계의 깊은 곳에서 위대한 순환의 대극적이고, 혼란스러운 에너지는 우리가 에너지가 없다고 느끼는 동안 우리 안에서 싸운다. 그것들은 오래된 아니무스적인 자아 콤플렉스와 그것의 잘못된 동일시들을 분해한다.

치료에서 이러한 수준의 작업에는 가장 깊은 정감이 포함되고, 언어 이전의 "유아적" 과정과 필연적으로 연결되어 있다. 치료자는 필요한 곳에 기꺼이 참여해야 하며, 종종 타자에 대한 인식에 아직 이미지가 없고, 본능과 정감과 감각적 지각이 먼저 신체 감각에 결합되기 시작하는 신체-정신 수준에서 작업하는데, 그것은 기억이나 이미지를 불러오도록 강화될 수 있다. 침묵, 긍정적으로 반영해주는 관심, 접촉, 안아주기, 소리 내고 노래하기, 몸짓, 호흡, 그림 그리기, 모래 놀이, 점토나 블록으로 짓기, 춤과 같은 비언어적인 행동들은 모두 그것들이 필요한 시간과 장소가 있다.

이런 마술 같고, 모계제적 차원에서 의식^{ritual}의 요소는 힘이 있으며, 존중되고 심지어 장려되어야 한다. 사이코드라마의 제스처와 실행은 공간, 정동, 의미, 원형적인 패턴을 창조하거나 재창조하는데 도움을 준다. 그러나 치료자는 주로 전이-역전이의 강력한 정감적 연결과 꿈과 환상의 이미지에 의해서 인도되어야 하고, 그 과정이 어디로 가고, 어떻게 원하는 곳으로 갈지 감지해야 한다. 치료적 태도는 각 개인이 필요한 어떤 방법으로든 자신과 함께 할 수 있도록 적극적으로 허용하는 것이다. 이것은 모든 종류의 창조적인 즉흥 연기로 이어질 수 있다. 행동, 몸짓 그리고 상징적이고도 문자 그대로의 허용, 즉 퇴행적이고 숨겨진 전-자아를 만지고, 그것이 타당하다고 느끼고 신뢰하는 것을 배우는 것을 도울 수 있다.

이러한 모성적 양육과 동반자적 행동은 비록 종종 비밀로 부쳐지거나 거의 언급되지 않더라도, 심오한 영향을 미친다. 그것들의 영향은 꿈의 이미지에서만 드러날 수 있고, 수년 후에 작업에서 전환점이 되었던 것으로 드러날 수도 있다. 종종 그 효과의 일부는 그러한 수용과 참여가 언어치료의 전통적인 매개 변수를 넘어선다는 환자나 분석가의 느낌에 기인하며, 초자아의 금지 사항을 거스르고 기꺼이 "비정통적으로" 치료하려는 치료사의 의지를 암시한다. 이런 치료는 상대방이 고태적 모계 수준에서 깊이 동맹을 맺고 검증된 느낌을 준다. 원형적 투사의 전달자 역할을 하는 분석가는 추상적이고 비인격적인 집단적 관습보다 타인의 깊은 개인적 감정과 욕구를 수용해야 한다.

*

융은 식물 수준으로의 하강에 대해 "하향하는 길, 음의 길... [지구로의, 인류의 어둠으로의]" 하강이라고 하였다.[107] 이난나 여신과 우리 현대 여성은 이런 하강에 복종해야 한다. 깊은 곳으로, 아름다움과 추함의 극단이 함께 헤엄치거나 함께 사라지면서 역설적이고, 무의미해 보이는 상태가 되기 시작하는 장소 말이다. 미의 여왕조차 날 것이 되고 썩은 고기가 되는 곳. 거기에서 삶은 그 맛을 잃는다. 그러나 그것은 에레쉬키갈과 그녀가 상징하는 파괴적인 변형의 신비에 대한 복종을 나타내기 때문에 심지어 썩은 것조차 신성한 과정이다.

6장 벗겨짐과 문을 통과하기

벗겨짐 unveiling

별의 여신이 구체화와 성육신incarnation에 자신을 바치는 과정은 그녀의 벗겨짐을 수반한다. 이 주제는 상부 세계에서는 도움이 되었을지도 모르지만 지하세계에서는 아무 의미 없는 오래된 환상과 잘못된 정체성의 제거를 암시한다. 어느 누군가가 어두운 여신의 모든 것을 보는 눈 앞에 벌거벗은 채 서 있다. 벗겨짐은 옷이 다 발가벗겨지는 것을 의미하며, 스스로 자기에게 자기 자신을 드러내는 여신의 벗겨짐, 본래의 스트립쇼striptease를 의미한다. 그것은 완전히 노출되고 방어되지 않으며 죽음의 눈, 즉 자기의 어두운 눈으로 영혼을 탐색하는 것에 열려 있어야 한다는 것을 암시한다.

융은 종종 "옷을 벗는 것undressing은 영혼의 추출을 상징한다"라고 하였다.[108] 그는 연금술의 문헌을 인용한다: "나의 옷을 벗겨라, 나의 내면의 아름다움이 드러날 것이다."[109] 내면의 아름다움은 태양과 달의 아이인 영혼이다. 그러나 융은 "옷을 벗는 것은 부패를 의미한다"고 덧붙이면서 연금술에서 "니그레도nigredo는 '어둠의 옷'을 나타낸다"[110]고 하였다.

그래서 부패와 영혼의 추출은 모두 옷을 벗는 것으로 상징된다. 왜냐하면 옷은 성육신에서의 살이고 죽음은 필멸의 옷을 벗기는 것이기 때문이다. 이미 신체적 자아로 성육신된 사람에게 옷을 벗기는 것은 육체를 벗는 것disincarnation, 즉 신체적 자아로서의 존재의 종말이자 숨겨진 자기의 계시이다. 다른 한편 별의 여신과 제대로 성육신 되지 않은 아버지의 딸들에게 벗겨짐은 지상의 물질에 영혼을 육화시키는 방식이다.

또한 벗겨짐은 과시행위exhibitionism와 관련된다 ― 여신 앞에서 벌거벗겨지는 것이 필요하다. 우리는 종종 자기를 처음 성육신한 부모와 다른 사람들이 우리를 조롱할 때 너무 노출되었다고 느낀다. 그럼에도 불구하고 자기나 태모 앞에서 신체적 자아를 인정하는 것은 것은 대담한 노출이다. 모든 것을 드러내면서 우리는 그녀가 우리 모두를 객관적으로 받아들인다는 것을 발견한다. 우리는 목격되었고, 따라서 존재할 수 있지만 있는 그대로의 자신을 드러내고 보여주어야 한다.

이러한 벗겨짐은 아버지의 딸들에게는 매우 힘든 일이다(아테나가 완전 무장하고 태어난 것도 분명 우연이 아닐 것이다). 왜냐하면 그것은 더 높이 있는 세계의 예복(아버지와 아니무스에게 종속된 아버지의 딸들에게 페르조나-정체성 역할을 하는)이 제공하는 방어력과 정체성의 환상, 가부장제에서 얻은 권력과 지위, 역할의 표시를 포기하는 것을 의미하기 때문이다.

가장 깊은 수준에서 일하는 치료자들에게 이러한 벗겨짐은 것은 필수적이다. 그것은 우리가 전문적인 페르조나로 우리 자신을 방어하지 않고 다른 사람의 현실, 즉 감정의 전적인 힘에 의해 침투될 수 있도록 한다. 그래야만 우리는 내면에서 경험된 현실에 의해 정직하게 방향을 잡을 수 있고, 모든 것을 투사로 되돌릴 때 지옥처럼 느껴지는 거짓된 주관성에 다른 사람을 고립시키는 것을 피할 수 있다. 어두운 여성성의 영역에서 숨는 것은 불가능하다. 우리는 우리의 꿈과 우리 자신의 반향적인 콤플렉스에 의해 드러난다. 전이-역전이의 깊은 수준에서 내면과 외부는 병합되고 두 개인은 신비적 융합participation myscique의 힘의 장(場)에서 하나의 심리적 실재를 공유한다. 그래서 종종 어떤 감정이나 이미지가 누구로부터 온 것인지 구별하기 어렵다. 신화가 말해주는 것은 지하 세계의 법칙의 일부이다. 하강하는 자는 옷을 벗어야 한다. 분석가와 분석자는 하나의 깊은 그릇에서 만나 여신이 요구하는 죽음-결혼-변환을 경험한다.

벗겨짐의 비의적인 의미와 그것의 동양적 의미는 바가바드-기타 Bhagavad-Gita가 말하는 것처럼 정체성을 벗어버리는 것이다: "사람이 낡은 옷을 벗고 새 옷을 입는 것처럼 그렇게 안에 거주하는 존재는 낡은 몸을 버리고 새로운 몸으로 들어간다." 이난나 여신의 하강과 귀환은 엘레우시스 신비처럼 꺼지지 않는, 안에 거주하는 생명의 메시지를 전달한다. 학자들은 아카디아의 에레쉬키갈이 생명수를 보관하고 그것을 이난나의 시체를 복원하는 데 사용했음에도 불구하고 수메르인과 아카디아인은 환생을 믿지 않았다고 생각한다. 아마도 그 주제는 의식의 재탄생과 재조명과 더 관련이 있을 것이다. 이난나는 그녀의 낡은 정체성을 벗고 원시적인 물질로 축소된 다음 다시 태어난다. 마찬가지로 신성한 입문과정을 통과하는 개인들은 그 이전의 신분을 버리고 새로운 신분으로 들어간다. 벗겨짐은 입문 과정의 일부이다.

벗겨짐의 주제에는 사원의 성창(聖娼)의 준비 단계를 암시할 수도 있다. 자신의 세속적인 정체성을 벗은 수녀처럼 이난나 신전의 여사제들 역시 비슷한 과정을 거쳤는지도 모른다. 어쩌면 그녀들은 여신에 대한 봉사의 한 측면에서 자신의 성을 경험하게 하는, 어느 남성의 비개인적인 남근에 관통당하는 것이 십자가 입문에서 죽어가는 것과 유사한 경험일지도 모른다.

또 다른 관점에서 이난나의 탈의는 그녀와 그녀를 따르는 입문자가 다양한 수준의 의식을 인식하고 있음을 암시한다. 여왕의 일곱 가지 의복은 쿤달리니 차크라의 단계로 그녀의 몸에 놓여 있다. 그녀는 왕관 막대기나 귀걸이(신화의 다른 버전에서), 목걸이, 가슴의 돌, 금반지나

엉덩이 거들, 팔찌, 숙녀복(아카디아 버전에서는 허리에 두르는 천이라고 함)을 착용한다. 그녀가 이 물건들을 벗고 또 다시 착용하는 것에 따라 해당 차크라에 관심이 집중되었을 것이다.[111] 그녀는 벌거벗은 물라다라, 즉 성육신의 경직되고, 정체된 물질, 사실들과 육체적 현실의 맨 밑바닥으로 내려왔다. 그리고 반대되는 그것의 축복의 연합(그런 관계를 관장하는 여신으로서의 이난나)으로 왕관으로부터 내려오고, 우주 의식은 골반으로 들어간다. 잠재적인 삶이 잠을 자고 반대적인 또 다른 역설적인 결합으로 복원되는 뿌리 차크라로 내려간다.

출입문들

이집트에도 에레쉬키갈의 집에 있는 일곱 문과 유사한 자료가 있다. 노이만은 이것을 "저승의 일곱 주거지를... 여성성의 일곱 가지 측면"[112]으로 묘사했다. 그가 "대단히 끔찍한 모습의 위대한 여신의 상징의 표현"이라고 부르는 이집트의 여성 문지기들이다.[113] 수메르-아카디아 하계의 괴물들의 차별화는 하강 신화가 쓰여진 후 훨씬 뒤에 일어났다. 여기 문지기는 네티 한 명이다. 그 문들은 아마도 이난나-이슈타르 행성이 하강하고 돌아올 때 함께 움직이는 일곱 개의 행성 위치와 더 정확하게 연관되어 있을 것이다. 수메르인들은 금성의 귀환[114]을 포함한 행성들을 각각의 다른 금속성과 심리학적 상관관계와 함께 정확하게 관측했다.[115] 여기서 성문의 구체적인 의미에 더 깊이 들어가는 것은 차크라들과 행성들의 심리, 즉 그들의 상징적이고 본능적인 의미와 그것들의 에너지를 다루는 치료자의 역할로 너무 멀리 갈 것이다.

문은 십자가의 정거장처럼 입문적이고, 희생적인 방식의 무대이기도 하다. 주제로서 그것들은 현대의 꿈의 재료에서 많은 모습으로 나타날 수 있다. 어떤 여성은 꿈에서 일곱 개의 발코니에서 떨어져 피를 흘리며 죽는 순진무구한 마릴린 먼로의 모습을 보았다. 그 꿈은 심한 우울증과 꿈꾼 이가 그녀의 정신의 심층으로 들어가는 문을 열어준 정감의 최초의 분출로 들어가는 것을 미리 알려 주었다. 또 다른 여성은 일곱 개의 체로 오줌을 걸러야 하는 꿈을 꾸었다. 그녀는 "나는 화염의 소굴까지 층을 쌓을 때 조심할 필요가 있다. 내 감정이 폭발하여 모든 것을 파괴할 것이다"라고 하였다. 그녀는 그녀의 분석 과정을 잠재적으로 지옥으로 내려가는 것으로 보았는데, 거기서 그녀의 꼼꼼한 통제는 더 이상 그녀의 삶에 영향을 미치지 못할 것이다. 그녀의 하강의 과정을 조심스레 허용했던 것은 첫 번째 꿈꾼 이보다 그녀의 상황이 더 급박하게 돌아가지 않도록 했다. 그리고 그것은 그녀의 정신이 필요에 맞게 속도를 조절할 수 있을 것이라는 믿음을 주었다.

7장 증언과 지혜의 탐구

닌슈부르

하강하기 전에 자신의 구조 전략을 준비한 이난나는 닌슈부르에게 자신이 3일 뒤에 나타나지 않으면 이 작전을 수행하라고 지시했다. 그녀는 지하세계에 갇히면 도움이 필요할 것이라는 예지력을 가지고 있었는데, 이것은 많은 신화와 임상 실습에서 볼 수 있는 모티브다.

이난나가 신뢰하는 시종 닌슈부르Ninshubur는 수메르 신과 여신들의 신전이 사제 조직으로 꾸려졌다는 증거를 보여 준다. 그들은 가정에서처럼 많은 일꾼을 두고 있었다. 닌슈부르는 동쪽의 여왕이라는 뜻으로 위대한 여신의 여종 또는 고관이다. 그녀는 세속적이고 행정적인 이난나의 수하로 여신의 욕구와 계획을 위해 필요할 때마다 호출된다. 그녀는 왕가의 신랑을 여신의 침대로 인도하고, 엔키를 술에 취하게 하고, 이난나가 엔키를 취하게 하여 세상의 질서 원칙인 '메'를 속였을 때 여신은 닌슈부르에게 그녀의 신전인 에렉Erech 신전을 안전하게 통과할 것을 보장해 달라고 요청했다. 또한 닌슈부르는 지혜의 신이 '메me'를 되찾기 위해 이난나에게 보낸 맹렬한 사절들을 물리쳤다.

하강 신화에서 닌슈부르는 이난나가 자신의 구원을 맡긴 인물이다. 그녀는 자신의 주인이 저승에서 3일 동안 실종되자 아우성을 치고 여신을 대신하여 하늘의 신들에게 중재를 청하는 종이다.

심리적으로 그녀는 영혼이 하강하는 동안 지상에 머무르는 우리의 작은 부분, 위와 아래에서 일어나는 사건을 목격하고 영혼의 운명을 염려할 수 있는 정신의 여전히 의식적이고 기능적인 측면을 구현하고 있는 것처럼 보인다. 환자의 에너지 대부분이 무의식 아래 있는 반면, 치료 동맹을 유지할 수 있는 부분은 행동과 이해에 대한 책임을 지는 부분이다. 그것은 삶을 계속되게 하고, 정신증적 발현과 영혼의 완전한 상실을 예방할 수 있다. 그리고 필요한 것을 찾는 여정을 지속될 수 있게 하는 놀랍고 강하며, 겸손하고 기능적인 의식과 유사하다. 이것은 이난나의 말을 듣고 그 날들을 추적하며 깊은 감정으로 여신이 깨어나야 한다고 울부짖는 자기의 대변인이다. 나에게 닌슈부르는 종종 영혼이 가장 위협받을 때 자기의 명령을 집행하는 단순한 실행자로서 여성의 가장 깊은 자기 성찰, 여사제의 기능 모델이다.

닌슈부르를 언급하는 시는 그녀에게는 자신의 삶도 없고 보좌하는 능력 외에 다른 특기도 없다고 밝힌다. 그녀는 단순히 여신이 그녀에게 요구하는 것을 정확하고 능숙하게 수행한다. 그녀의 심오하고 자아 없는 순종은 거의 눈에 띄지 않는다. 실제로 그녀는 이난나의 명령에 따라 거지처럼 옷을 입는다. 그러나 "충실한 신하" 닌슈부르의 고결함과 경외심, 그리고 행동 능력은 신화의 전환, 즉 다시 태어난 이난나를 위대한 상부 세계로 귀환시키는 전환에 달려 있다. 여신이 시에서 말한 것처럼, "내 목숨을 구한 것은 그녀이다."[116]

한 여성이 자신의 치료사에게 전화를 걸어 자신이 자살 충동을 느끼며 커다란 초콜릿 케이크를 먹고 토하고 있다고 보고했다. 그녀는 치료를 통해 자신의 탐욕스러운 행동이 상처 받았을 때 스스로 양육하는 방법이라는 것을 깨달았고 그녀가 지금 느끼는 번뇌는 권위를 가진 남성 인물에게 거절당할까 하는 두려움과 어렴풋이 연관되어 있다는 것을 알았다. 충동적이고 무의식적으로 죄책감을 표출하는 습관적인 패턴에서 벗어나기 시작하면서 그녀는 "전화하는 것은 극도로 의존적이고 굴욕적"이었지만 치료사에게 전화를 걸 정도로 절박함을 느꼈다. 그러한 목격과 도움 요청은 그녀에게 있어서 새로운 행동으로, 그녀의 초기 닌슈부르 기능 즉 자신의 영혼의 가치와 필요를 보고 행동할 수 있는 능력을 드러냈다.

잘못된 원천의 탐색

이난나는 닌슈부르에게 먼저 만인의 고귀한 아버지 하늘의 신 엔릴에게 가고, 자신의 아버지인 난나-신$^{Nanna\text{-}Sin}$과 달의 신 엔키에게 가라고 말한다. 왜 그녀는 닌슈부르를 자신의 어머니나 대지의 어머니인 닌후르삭에게 보내지 않았는가? 이난나 문화권의 시인들은 그녀가 이미 불행하게도 어머니의 힘보다 남성의 힘을 더 중시하는 것을 보았다. 아마도 그것은 그녀가 신전 노예여서, 아니면 그들의 더 큰 문화적 힘을 느끼기 때문일 것이다. 어쨌든 극한 상황에서 그녀를 돕는 데 필요한 태도를 찾는 그녀의 첫 번째 선택은 틀렸다. 그녀는 겉보기에는 강력해 보이지만 실제로는 능력이 없거나 제공하지 않는 ungiving 원천을 찾는다.

우리는 이렇게 잘못된 원천에서 도움을 찾는 모습을 치료에서 환자가 "그런 욕구는 너무 유아적이야"라고 말하며 그들을 원칙적으로 거부하거나, 세계관이나 유형학적 또는 의식의 수준 차이 때문에 그들을 거부할 것이 틀림없는 사람들에게 고집스럽게 호소하는것에서 본다. 강력한 부모 원형이 처음에 개인을 제대로 인정하지 않는 사람에게 투사되었기 때문에 그는 계속해서 그러한 제공되지 않는 원천에 도움을 청한다. 그런 사람은 시도를 반복하고 박탈감과 원한이라는 지옥에 갇혀 있거나 욕구 충동 자체에 등을 돌린 후에야(공격적인 집단적 신인 초자아와 동일시함으로써) 거기에서 벗어나는 방법을 배울 수 있다.

실제로 많은 치료법은 과거의 패턴을 버리고 진정으로 양육하고, 진정으로 스스로 타당성을 지닌 원천으로 전환하는 법을 배우는 것을 포함한다. 사람은 오직 원형적 부모 구조를 새로운 내용으로 채우는 법을 배우는 과정에서만 잘못된 것은 자신의 욕구나 삶에 대한 욕구가 아니라, 잘못된 원천을 지향했기 때문이라는 사실을 깨달을 수 있다.

하늘과 달의 두 신은 지하 세계의 고착과 죽음의 장소에 갇힌 이난나를 구하는 것을 거부하거나 감히 구하지 못한다. 그들은 법과 질서에 대한 비인격적인 가부장적 존중을 구현하며, 그들의 "딸" 이난나와 어두운 여성성의 양식에서 너무 멀리 떨어져 있다. 그들은 이난나를 단지 야심만만하고 "욕심"이 너무 많은 존재로 본다. 그들은 자신의 황소 같은 그림자의 투사를 통해 그녀를 본다. 그리고 그들은 "위대한 저택에 가는 사람은 거기 머문다"는 규칙을 인용한다.[117] 그들은 거의 악의에 찬 것처럼 보이고 그녀가 마땅한 벌을 받은 것을 기뻐하는 것처럼 보인다. 초자아와 잘 정돈된 법칙을 따라 사는 사람은 집단적이고 관습적인 한계를 넘어서려는 개인에게 보복하거나 (한계를 넘어서려는) 욕구를 포기한다. 통제하는 힘에서 벗어나는 사람에게는 도움이 없다.

달의 신

여성의 군주로 종종 기록되는 달의 신, 난나신이 이 신화에서 이난나의 곤경을 거의 신경 쓰지 않는다는 점이 흥미롭다. 수메르에서 난나는 밤을 밝히는 힘, 시간을 재는 힘, 습지의 물과 갈대, 그리고 가축의 비옥함을 제공하는 힘으로 묘사된다. 또한 그는 달이 어두울 때 명계의 집행관이자 재판관이다. 그러나 지평선 위에서 그는 덜 질서정연하다. 그는 아버지 엔키에게 동의를 구하지 않고 아내 닌갈("위대한 숙녀", 갈대의 여신)과 충동적으로 결혼했다고 전해진다.[118]

또한 난나는 우르의 왕들과 연결되어 있는데, 정기적인 제례lustration 와 신성한 결혼은 그에 대한 숭배의 일부이다. 일반적으로 그는 자기 자녀들에게 무관심하다. 그는 멀리 떨어져 있고 자신의 리듬으로 움직이며 그의 자녀는 그것과 무관하다. 어떤 신화에서 우투(태양의 신, 이난나의 형제)와 이난나는 심지어 아버지인 달의 월식을 가져오기 위해 그의 적의 편에 선 것으로 묘사되기도 한다. 반면에 오누이는 매우 가까운 사이로, 우투는 누이의 남편 선택에 영향을 미친다(양치기 두무지의 포상금은 달의 수정fertilizing 효과 때문이라고 한다).

이난나에게 아버지의 원칙은 개인적인 관계로 조정되지 않는다. 심지어 아버지와 딸 사이에 적대감이 자리한다는 암시도 있다. 이것은 우르와 에렉의 도시들과 그들을 대표하는 신들 사이의 경쟁과 많이 관련되지만 달 아버지의 딸로서의 심리적인 문제도 암시한다. 신화에서 이난나는 지위 높은 아버지highfather 엔릴의 말을 앵무새처럼 되풀이할 뿐이다. 그는 자기 자신의 힘과 밝음을 질투하지만, 무의식적으로 추상적이고 세넥스적인 규칙에 편승한다. 그는 그의 가늘고 아내 같은 아니마, 갈대 여신 닌갈과 자신의 변화, 재계(齋戒), 생산성에 너무 깊이 관여되어 있는 그의 딸을 방어적이고 경멸적으로 무시한다.

이와 같은 뿌에르 아버지의 딸들은 자기 만족적인self-sufficiency 허울, 즉 추진력은 있지만 유혹적인 힘을 가진 여성 영웅의 외관을 하고 분석을 받으러 온다. 그녀들은 종종 성적 대상으로서 일시적이고 무의식적으로 아버지의 관심을 끄는 것에 절망하고 자신이 동등하게 아버지의 칭찬을 받을 자격이 있음을 증명하려고 노력하면서 자신을 방어해야 하는 상황에 사로잡힌다. 그녀들은 자신의 관능미를 분리하고 남성과 남성의 업적을 쟁취하려고 하고 부드러움이나 자존감을 거의 느끼지 않는다. 그녀들은 아버지의 축복과 개인적인 관심을 구하는 데 영원히 집중하고 심지어 그러한 필요를 얻기 위해 아버지를 가리기까지 한다. 그녀들은 언제나 그의 냉정하고 자아도취적인 무관심이 사라지기를 바라면서 수많은 방법으로 그를 부른다.

8장 공감적-창조적 의식

엔키: 물, 지혜, 창조성의 신

하강 신화에서 도움이 되는 "아버지"가 한 명 있는데 그가 엔키이다. 그의 이름은 (포세이돈처럼) "땅의 군주"를 뜻하는데, 그는 바다와 강의 흐름을 지배하는 교활한 물과 지혜의 신으로, 깊은 심연 속에 살고 있다. 몇몇 신화에서 그는 특히 이난나와 가까운데, 이 신화에서 그는 그녀의 석방 과정을 개시한다.

엔키는 주목할 만한 신이다. 수메르에서 그의 물은 정액과 양수의 생성하는 힘과 동등하게 여겨졌다.[119] 원통 인장 위에 (그의 후기 아카디아 형태인 에아Ea처럼) 그는 흐르는 물병으로 묘사된다. 그러한 묘사는 물병자리Aquarius의 성좌를 암시한다. 그러나 엔키는 일반적으로 깊은 곳과 높은 곳을 가로지를 수 있는 염소자리Capricorn와 같은 것으로 여겨지며, 게자리인 태모의 진정한 보완물이다. 그래서 그는 닌후르사그Ninhursag(원래 키-대지Ki-earth로 불리며 엔키의 과거의 맞수) 및 에레쉬키갈과 유대를 나눈다.

엔키는 생성적이고 창의적이며 장난기 많은 공감하는 남성male이다. 그는 메르쿠리우스와 마찬가지로 대극을 포함하고 있으며, 법의 원리에 관념적으로 묶이지 않는다. 그가 비록 상부 세계와 문명의 원칙인 '메me'를 창조했다고 하지만 그의 질서는 정적이거나 보존적이지 않고 창의적이다. 그는 문화를 가져오는 사람이지 상태를 유지하는 자가 아니다. 그의 지혜는 즉흥성과 공감의 지혜이다. 그리고 양성적 폭을 가진 그는(어떤 신화에서 그는 여덟 번의 임신을 거쳤다고 한다) 어떤 필요성에도 침투할 수 있고, 심지어 지하세계에도 침투할 수 있다. "[두 성 모두의] 의식만이 타나토스의 보이지 않는 세계와 죽음으로부터 파생된 인간 본성의 모든 영적 요소들에 침투할 수 있다."121 엔키의 의식은 "생명에 대한 신뢰와 자아가 모성의 물의 지혜"인 두 번째 차크라, 스바디스타나svadhisthana의 의식과 같다. 두 번째 차크라의 의식의 속성인 신뢰, 유동성, 엑스터시, 그리고 윤활유과 같은 수용은 "첫 번째 차크라의 정적인 병과 힘에 얽매인 세 번째 차크라의 병을 치유할 수 있다." 엔키의 지혜는 같이 흐르고 깨지며 하계의 무기력함과 경직성을 풀어준다. 그의 물은 에레쉬키갈의 왕국이라 불리는 사막의 여신 쿠르Kur와 반대되는 수메르 신화에 나오는 물로 사막을 뜻하는 단어이기도 하다. 그것들은 삶의 에너지가 끊임없이 흐르는 것을 상징하는 황무지를 복원하는 물이다.

리비도적인 정감의 흐름처럼, 이 물은 죽음과 같은 우울증을 겪은 후 우리를 다시 살아나게 한다. 한 여성은 자신의 귀환 경험을 다음과 같이 표현했다.

> 나를 내 안에 가두지 않을 것이다. 흐르는 대로, 찢어지는 대로 두고 고약해질 것이다. 나는 나의 반응을 밖으로 드러나도록 놓아둘 것이다. 그러면 어떤가. 받아들이든지 말든지. [그녀는 잠시 멈추었다] 이렇게 말하는 것만으로도 무엇인가 달라져요. 어떤 것이 같이 흐름을 느낄 수 있어요. 그 모든 욕구와 질투들. 숨을 깊이 들이마시는 것 같이, 너무 이상한 느낌이에요. 그것은 나의 죽음, 메마른 장소를 위한 치료가 될지도 몰라요. ... 그리고 또한, 이러한 물은 내 안에 생명이 있는 한 절대 멈추지 않아요. 오줌을 누고 침 뱉

고 하는 것에는 끝이 없죠.

그녀의 열정은 그녀가 예전의 억제된 방식으로 자신을 보호하는 것을 멈출 수 있었기 때문에 그렇게 열리고 표현될 수 있었다. 그녀는 분석가가 흐름을 받아들일 것이라고 믿을 수 있었다. 그녀는 학습돼서 억제와 간병인을 돌봐야 할 욕구를 포기할 수 있었다.

이 흐름은 엔키의 물로 상징되는 에너지의 일부이다. 그는 "상image을 만드는 자"로 불리는 창조적인 조각가이자 장인과 예술가의 신, "본래 형태의 신, 원형의 신"이라 불린다.[123] 그는 인간을 창조하는 자 중 하나로 대지의 여신과 경쟁하면서 다양한 형태의 인간의 삶을 흙으로 만들어냈는데, 그녀가 기형을 만들었을 때 그는 그 기형들이 채울 삶의 역할을 찾아주었다. 그는 끊임없이 그 순간에 필요한 것을 즉흥적으로 창조한다. 그는 고도화된 원칙을 가진 가부장적 신들의 규칙과 선례에 관심이 거의 없었기 때문에 어려운 곤경으로부터 그들을 구해내라는 요청을 자주 받았다. 많은 시에서 그는 구조의 원천을 제공하거나 그들이 두려워하는 혼돈을 잠재운다. 그는 종종 아버지의 세계와 여성의 세계 사이를 중재한다. 그는 항상 삶과 함께 창의적으로 흐르고 따라서 자신의 추진력에서 체제를 완전히 재구성할 가능성을 가진다. 하강 신화에서 그는 완전히 새로운 접근 방식으로 율법주의적-방어적 패러다임의 관성을 깨뜨린다. 그는 선례와 법칙을 고수하는 대신 지금까지 무시되었던 것에 의지함으로써 새로운 과정을 개시한다: 그는 감정을 가지고 움직인다.

그는 빨간색으로 칠해진 손톱 밑에서 보잘것없고 심지어 거부되던 때[24], 더 큰 창작 과정의 잔재를 가져간다. 대지는 뮬라다라muladhara와 에레쉬키갈의 요소이다. 그것은 에너지의 물질과 지하세계에서 고기가 된 이난나의 구체화된 물질과 일치한다. 그것은 또한 엔키의 강바닥의

토사(土砂), 수메르 도시들의 주요 건축 자재와 설형 문자가 보존된 서판의 점토이다. 수메르 문화는 이 재료를 통해 구현되고 증명된다. 신화에서 남성과 여성은 그 재료로부터 창조되기도 한다.

분석 과정에서 이 흙은 창조주 신의 창조 매체와 같은 재료이기 때문에 모든 가능성에 열려 있는 계획되지 않은 원초적 반응성인 원질료 prima materia와 유사하다. 따라서 그것은 모든 생명과 마찬가지로 분석 과정의 기본적인 정동적 자료이다. 그것의 광대한 잠재력은 작고 강력하며 자율적인 정동의 깜박임, 매혹적이고 활기차며 고통스러운 구체적인 세부사항들, 거의 미끄러지거나 감춰질 뻔한 설득력 있는 환상들 속에 숨겨져 있다. 손톱 밑의 때는 자율 정신과 같이 초자아가 선호하는 방식으로 거창하지 않은 작고 개인적이며 지금 여기에서 영향을 미치는 사실에서 드러나는 효과적인 수행의 증거 같은 것이 아니라, 삶의 과정에서 천대받는 광재(鑛滓: 광석을 제련한 후에 남은 찌꺼기-역자 주), 즉 분석적 관점을 근본적으로 바꾸어 버릴 수 있는 견고하고 미묘한 것이다.

어둠의 여신을 반영하는 인물들

엔키는 자신의 손톱 밑의 때로 칼라투르와 쿠르가라라는 두 개의 작은 시종-문상객을 만들어내는데, 이들은 "성이 없는"[125] 또는 "여성도 남성도 아닌"[126] 피조물로 묘사된다. 그들은 자웅동체나 양성적 androgynous, 다형적 polymorphous 피조물로, 성(性)의 구분이 없는 그들 자신으로 위대한 순환에 참여하는 것으로 추정된다. 대극, 즉 남성과 여성은 아직 뚜렷이 구별되지 않았다. 그러므로 그들은 의식을 가르고 분리하며 대립하는 것에 기초한 구분으로서가 아니라, 공감과 반영으로서 의식을 구현한다. 그래서 그들은 모든 문을 통해 에레쉬키갈에게 살금살금 다가갈 수 있다. "그들은 파리처럼 문틈을 통과해 날아갔다."[127] 그들은 겸손하고 영웅적이지 않은 피조물로, 정의도 없고 심지어 따로 정의될 필요도 없으며 우리가 자아 욕구라고 부르는 것에 대한 감각도 없다. 이 작은 무성의 피조물은 어둠의 여신으로부터 축복을 이끌어 내기 위해 필요한 태도를 나타낸다.

그들이 엔키로부터 지시 받은 것은 정신과 육체가 경계선에서 만나고 시간과 공간의 한계가 없으며 마법 수준의 의식 단계의 패턴이 유지되는 언어 이전의 원시적인 심연의 장소에서 치료사가 하는 바로 그 일이다.[128] 이 피조물들은 상부 세계의 법과 거리를 무시하며 여신에게 가까이 다가간다. 그런 다음 그들은 나와 당신을 분리하는 모든 감각을 잃은 팽창된 동일시보다는 목격하고 공감하며 반영한다. 이것은 창조된 역량이다. 그들은 보고 느끼고, 함께 신음한다. 여신에게 경의를 표하면서 그들은 현재 에레쉬키갈이 느끼는 실존의 고통을 표현한다. 그들은 그녀의 고통을 확인한다. 그들은 엔키에게 그것이 아무리 비참해 보여도 삶의 힘을 믿으라는 가르침을 받았다.

불평하는 것은 어두운 여신의 목소리 중 하나이다. 그것은 여성성의 영혼 안에 있는 깊고 타당한 삶의 표현 방식이다. 그것은 무엇보다 먼저 고통의 경감을 추구하는 것이 아니라 단지 민감하고 취약한 존재로 느껴지는 그대로의 사물의 존재를 진술할 뿐이다. 그것은 자제심이 강하고 영웅적인 초자아의 관점으로는 어리석은 푸념과 수동적인 투덜거림으로 보이지만 단지 자율적인 사실 –"그런 것이야"– 라는 기본적인 느낌 기능의 근거 중 하나이다. 엔키의 지혜는 우리에게 고통은 경외심의 일부라는 것을 가르쳐준다.

엔키의 문상객들은 에레쉬키갈과 함께 신음한다. 그녀가 "오! 나의 내면inside이여!"라고 말하면 그들은 메아리로 "오! 탄식하는 우리의 여왕이여! 오, 당신의 내면이여!"라고 외친다. 그녀가 "오! 나의 바깥outside

이여!"라고 말하면 그들은 "오! 탄식하는 우리의 여왕, 오, 당신의 바깥이여!"라고 외친다.[129] 그들의 울림은 연도litany를 만들고, 고통을 시와 기도로 변화시킨다. 그것은 삶의 어두운 고통을 여신의 노래로 만든다. 그것은 예술을 삶의 열정과 고통에 대한 경건하고 창의적이며 동조하는 응답으로 만들고, 연도의 가능성을 보여준다. 왜냐하면 그들은 반영하는 노래를 통해 삶의 여신의 몸값을 지불ransom하기 때문이다. 에레쉬키갈은 더 이상의 파괴가 아닌 관대함을 쏟아낸다. 자연의 여신은 겸손한 반영과 자신의 노래를 들어준 것에 감사를 표한다. 정확히 공감하는 표현 그 자체가 그녀를 감동시켰다. 그녀는 작은 피조물들에게 이렇게 답한다.

> 너희가 누구든,
> 나의 안으로부터 너희들의 안으로,
> 나의 바깥에서 네 바깥으로(라고 말했기 때문에),
> 만약 너희가 신이라면, 나는 너희를 위해 [친절하게] 말을 하겠다.
> 만약 너희가 사람이라면, 나는 너희를 위해 [관대한] 운명을 내릴지어다.[130]

우리는 고통스러움이 받아들여지고 확인될 때 치료에서 이러한 변화가 일어나는 것을 본다. 두 명의 여성은 그들의 변화에 대한 감각을 이렇게 표현했다:

> 어떻게 나를 견디시나요? 내가 하는 일이라고는 불평뿐이에요. 나는 당신에게 아무것도 주지 않아요. 나는 당신이 제공하는 모든 것, 심지어 나 자신이 될 수 있는 공간조차 거부하는 걸요. [그리고 얼마 후, 환자는 마침내 치료자의 수용을 믿으며 대담하게 잠이 들었다.]

나 혼자 울 수 있어요. 그건 쉬워요. 그것은 함께 우는 거에요. 나는 대답을 원하는 게 아니라, 단지 내가 울 때 같이 있어줄 사람을 원해요. 그것은 내 안의 무언가를 뒤집어 놓아요. 나는 희망과 삶이 깊은 곳에서 돌아오는 것을 느껴요. 처음에는 거의 얼어버리고, 그런 다음 진흙투성이가 되고, 그 다음에는 작은 개울처럼 희미하게 이는 봄의 용솟음과 같은 것을 말이죠.

안과 밖

에레쉬키갈과 문상객의 용어는 안팎으로 중요한 의미를 가진다. 그것은 어린 시절에 인식의 가장 초기 기준 척도 가운데 하나인 경계 영역을 정의한다. 이것은 모성 콤플렉스의 가장 깊은 층에 있는 가장 불명확한 경계선이다. 왜냐하면 안과 밖은 의식의 마술적 수준과 공생적 유대 안에서 결합하고 흐르는 경향이 있기 때문이다(마치 어머니가 자녀의 욕구를 자신의 것으로 경험하고 자녀가 어머니의 무의식적 정동을 선택하는 것처럼). 우리는 이것을 분석에서 전이-역전이의 투사적 동일시 반응에서 관찰할 수 있다. 사실, 나와 당신Thou은 신비적 융합participation mystique의 장 안에서 너무나 유동적이어서 종종 두 사람의 심리적 경계 사이에 객관성과 구분에 대한 명확한 감각이 없다. 오히려 미묘한 직관과 운동 감각적인 인식으로 조율되는 일체감과 친밀감이 있다.

안과 밖의 경계인 나와 당신은 에레쉬키갈의 집의 처음이자 마지막이며 가장 신비로운 문이다. 이곳은 자녀와 어머니, 자기와 타인, 자기와 신들 사이의 삼투막osmotic membrane의 장소이다. 그것은 우리가 알고 있는 육화된 존재 너머(또는 밖의)의 문이다. 다시 말해서 안에 있으면서 융합되어 있는 것이 나올 때의 탄생의 문이자 분리되어 있던 것이 돌아올 때의 죽음의 문이다. 그것은 이난나가 별로서 새벽과 황혼을 가져오는 지평선과 유사하며, 둘이 하나가 되고 하나가 둘이 되는 교차의 장소로, 우리에게 있어 정체감의 흐름을 가로질러 제한없이 경험하는 것은 삶이 꽃을 피우고 의식이 확장되거나 용해될 수 있게 하는 원형적인 의식, 즉 우로보로스적인 지복bliss에서 양육되는 것을 의미한다. 경계를 안다는 것은 한 사람이 자신의 분리된 존재의 기반을 발견하기 시작하는 것으로, 우리가 이 경계를 경험할 때 상실과 고통으로부터 태어난 의식이 함께 한다. 이때 우리는 병합의 기쁨을 상실하게 되고 융합될 때나 더 큰 용기 안에 삼켜지고 용해될 때 어쩌면 개인의 자율성을 잃는 것을 경험할 수 있다. 그러나 우리는 두 경험 없이는 존재할 수 없다.

여성적인 수용의식은 경계를 "나"로 감지되는 것과 "내가 아닌 것"으로 감지되는 것을 구분하는 깔끔한 경계선으로 경험하지 않는다. 경계는 영웅적 행동의 대상으로 여겨지는 타인과 반대되는 명확한 개인 정체성 인식을 구분하는 고정된 장벽이 아니다. 오히려 경계는 투과성이 있는 것으로, 상대방을 공감함으로써 그가 정동적으로 존재함을 느끼고 공유하는 능력으로 쉽게 투과되고 침투된다.

이 경계가 융통성이 없거나 너무 투과적이라고 느끼는 개인은 검증 부족과 결함이 있는 장벽(박탈과 부정적인 판단으로 너무 경직되거나 숨막히는 유아화로 너무 개방적인)으로 인해 안과 밖을 규정하는 능력이 부족하고, (밖으로 그리고 되돌아서) 가로질러 흐르는 능력이 부족하여 고통을 받는다. 때때로 이것은 오직 혼란감으로 느껴진다. 한 여성은 그녀가 "아버지의 정의 시스템"이라고 부르는 안전함을 떠나고 있다고 느꼈던 기간 동안의 꿈과 거기에 대한 의견을 이렇게 밝혔다. "꿈에서 저는 유리벽 안쪽에서 밖에 있는 여자를 보고 있었어요. 그녀는 침대에 있고 옷을 입고 있었거나 뱀가죽을 뒤집어 쓰고 있어요. 무엇이 안이지? 무엇이 밖이지? 무엇이 진짜지? 마치 제 인생 전체가 무너지는 것 같아요." 하지만 그녀는 기꺼이 혼란을 무릅썼다. 또 다른 여성은 안과 밖을 엄격히 분리함으로써 자신의 혼란함을 통제하려고 필사적으로 노력했다. 그녀는 "밖에 있는 다른 사람과 그들이 나에게 대해서 기대하는 것, 내적으로 나에게 기대하는 것과 관계를 맺는 데는 두 가지 방법이 있어요. 하지만 그것은 너무 숨겨져 있고 초점이 맞지 않아서 자폐적으로 느껴져요. 저는 외로운 어린 공주지만, 아무도 저를 견딜 수 없다는 것을 알아요." 이 두 여성 모두 외부의 집단적인 초자아-이상과 자신의 실제 지각 사이의 불일치로 인해 고통받고 있었는데, 그것은 "밖"이 수용하는 것과 그들의 실제 지각 사이의 격차가 너무 컸기 때문이다.

전이-역전이 관계는 부모-자녀 용기container와 태곳적-마술적 의식의 수준을 재배열함으로써 경계의 병리를 치유하는 경험을 가능하게 한다. 타당하게 수용하는 공감은 지나치게 경직된 방어적 경계를 녹이는 정동 방식으로, 투과 가능한 공명resonance이 아직 형성되지 않았을 때 억제되지 않은 혼란을 조장한다.

치료사의 수호자로서의 엔키

엔키의 지혜는 자신의 고통을 의식하고 자신의 안팎, 즉 자기 자신을 알게 된 어둠의 여신의 고통을 만날 수 있다.

나에게 엔키는 치료자의 신이기도 하다. 그는 손에 있는 어떠한 것이든(예를 들어 손톱 밑에 숨긴 것) 그것을 사용하여 정신적 관성을 근본적으로 재구성할 수 있다. 그는 다른 관점으로 상황을 옮긴다. 그는 즉흥적이다. 이 신화에서 그는 이전에는 무관했던 요인, 즉 지하세계에 있는 그녀의 자매에게까지 퍼진 이난나의 곤경에 대한 감정, 고착의 원인 자체를 추앙하는 감정을 도입한다. 그저 삶을 끝내고 고칠 뿐인 것처럼 보이기 때문에 상부 세계가 두려워하는 깊은 여성적인 힘에 양극화되는 대신, 그는 오로지 비참함만 있을 것 같은 곳에서 가치를 찾는다. 여신의 비참함을 확인하고 내면과 외면의 고통을 반영하기에 충분한 가치를 그녀에게 선물한다.

감정적이 된 우리가 그 감정의 진로를 발견하기 위해 그것을 격화하거나 방어적이 되어 그것을 생명을 보호하는 것으로 여길 때도 가치를 발견하고 확인한다. 우리가 고통을 삶의 과정에서 있을 수 있는 부분으로, 누구의 탓도 아닌 단지 존재하는 사실로 여길 때도 마찬가지다. 이것은 누군가나 어떤 것을 비난하고 그것이 제거되기를 바라거나 그것과 관련해서 무엇이 적극적으로 이루어지기를 바라는 가부장적-적대적-전가(轉嫁)적 관점에서 벗어난다. 고통을 과정의 일부로 보는 것은 고통을 병리학적 징후와 낙인으로만 보는 관점을 넓혀주고, 고통받는 사람과 공감할 수 있게 해주며 자연치유도 가능하게 한다. 그것은 고통을 경험하고 극복함으로써 각자의 방식과 각자의 때에 맞는 새로운 해결책의 탄생을 가능하게 한다. 그때 치유가 일어난다. 그런데 치유가 일어나는 것은 오직 의미나 이미지의 발견에 의해서가 아니라, 삶의 과정에 주어진 배려와 공감적인 현존, 그리고 그것이 어느 곳이든 고통이 있는 곳에 닿는 반영 때문이다.

이와 같은 정신 수준에서 작업할 때 우리 치료사들은 엔키의 시종과 같은 작고 대항하지 않는 음의 피조물이다. 우리는 현존하고 수용하며 그대로 있으면서, 어두운 정감의 진실을 표현한다. 그러한 현존은 때로 그것이 고통스럽게 느껴지고, 죽음과 우울을 향하는 것처럼 보일 때도 있으며, 변화를 이끄는 데 있어서 자신의 무능함을 절실히 느끼지만, 의식의 가장 깊은 층에 있는 신비적 융합을 여신이 부여한 과정이라고 믿는 것을 의미한다. 그곳에서 우리는 인내심을 가지고 더 깊이 들어가 시간의 여신이 "관대한 운명을 내릴" 준비가 될 때까지 함께 기다린다.

이러한 방식을 사용하려는 치료사는 종종 (엔키가 보냈던) 문상객만큼 가까이 다가가고 환자에게 가장 먼저 배열된 콤플렉스의 고통을 감정과 함께 기꺼이 공유할 것을 요구한다. 이것은 심리적 감염의 가능성과 콤플렉스 자체의 공유를 암시하는데, 이러한 상호성에서 콤플렉스가 공유될 때(다르게 말해서 환자와 치료사 모두 비통함을 공유할 수 있는 지점까지 함께 내려갔을 때)만 일어나는 급격한 치유가 나올 수 있다. 그런 후에 이 콤플렉스에 대한 치료사의 경험과 태도에 대한 작업이나 양측이 환자의 정신 안으로 이동함으로써 치유가 일어날 수 있다. 분명한 차이는 거의 없다. 우리가 말할 수 있는 것은 상호 배열된 장(場)이 치유 과정을 자극하는 원시적 에너지를 활성화했다는 것 뿐이다.[131]

치료법의 한 양상으로서의 공유는 고통의 어둠 속에서조차 인간의 삶을 긍정한다. 그러나 때때로 부정적인 전이의 원시적 단계에서 공감하는 것을 제외하고는 아무 움직임 없이 환자가 삶에 퍼붓는 맹공격을 그저 목격하는 증인 역할을 받아들이는 것을 의미한다. 그것은 자아의 입장을 옹호하는 항의로 절망과 분노의 힘을 빼앗는 것을 기꺼이 피하고 심지어 우리의 상처를 표현하는 것까지 피하며 에레쉬키갈에게 붙잡힌 고깃덩어리처럼 눈이 먼 환자와 함께 있는 것을 의미한다. 고통과 경외심을 느끼며 공명하고 참여적인 수용을 하며 그러한 때 심오하고 연동적인 리듬으로 느릿느릿하게 느껴지는 자연의 가장 어두운 구덩이를 서둘러 통과하지 않는다는 것을 의미한다. 전이의 그릇이 강하고 의식이 충분하여 자기와 타인의 차이를 느끼기 시작할 때 직면과 해석이 필수적이다. 그러나 그것도 그 안에 인격의 구성물이 모일 수 있고 전체성의 숨은 씨앗이 자랄 수 있는 수용의 그릇이 만들어진 뒤에 해야 한다.

영웅적인 자아-이상에게 있어 그러한 공감은 남자답지 못하다. 그런데 하부 세계로 들어가는 것에는 언제나 금기가 있었으며, 금기는 자부심, 적극성, 정서적 활기다. 길가메시는 엔키두에게 그 곳을 포로처럼 아니면 눈에 띄지 않게 여행하라고 조언했다. 그리고 "페르세포네의 어두운 길"과 "사랑하는 아프로디테의 작은 숲"으로 들어가는 영적인 입문자들은 "옷을 벗고 모두 … 신랑이 되어 처녀의 영에 그들의 정력을 강탈당했다"고 말한다. [132] 그래서 무의식과 함께 일하는 치료자들은 개인적으로 보지 못하는 것과 활동하지 못하는 것을 기꺼이 감수해야 한다. 문상객들은 이미 이런 필요한 태도를 가지고 있다. 그들은 수용적이고, 음(陰)으로 창조되었다. 그리고 그들은 방어적이고 적대적인 욕구가 없기 때문에 무의식에 공명하고 그것을 목격함으로써 무의식의 원초적인 것들을 다룰 수 있다. 융이 기술했듯이 무의식의 거친 내용을 다루는 것은 순수하거나 입문하지 않은 초심자에게는 너무 적나라하고 지나치게 강렬한 것을 인간화할 수 있게 한다.

9장 귀환과 그 대가: 희생양이 된 연인

이난나의 귀환-억압의 회귀

귀환의 순간이 다가올 때 우리가 그것을 모르는 경우가 많다. 우리는 그저 갓 태어난 아기처럼 혼란스럽고 어지럽다고 느낄 수 있다. 이난나도 그렇게 다시 살아났다. 그녀에게 생명수와 음식이 "뿌려진다."[135] 그녀는 기름 부음을 받거나 술이 바쳐지고, 좋은 것이 놓이며 뿌려진 양(量)으로 가치와 타당성이 확인된다. 갓난아기처럼 받아 먹는 입문자처럼, 어둠의 여신에게 입문하고 다시 태어난 이난나도 그렇게 뿌려지고 삶으로 천천히 돌아온다. 음식과 물은 그녀가 희생으로 잃었던 것을 다시 채우는 리비도를 나타낸다. 그것들은 영혼의 균형을 회복시키고 이난나가 상부 세계에서 다시 살 수 있도록 한다.

분석에서도 우리는 이와 같은 먹이기를 볼 수 있는데, 신뢰하지 못하는 피분석자에게 그가 수용을 받아들일 수 있을 때까지, 면역력이 생길 만큼의 적은 양으로 반복적으로 타당성 확인을 제공하게 된다. 그것은 서두르지 않고, 삶의 에너지의 흐름이 고통에 시달린 영혼에게 돌아올 때까지 일상사의 모든 세세한 사건과 감정에 동반하는 것을 의미한다.

적극적인 삶으로 복권된 이난나는 하부 세계로부터 다시 태어나 떠오른다. 그러나 그녀는 에레쉬키갈의 무자비한 작은 악마들에 둘러싸인 채 악마처럼 돌아온다. 그들의 임무는 죽은 자를 데려오는 것이다.

신화에서 그들은 저승에서의 대역을 요구하고, 이난나는 자신의 희생양을 선택할 "죽음의 눈"을 가지고 돌아온다. 에레쉬키갈을 만난 그녀는 심연의 실제를 안다: 모든 변화와 삶은 희생을 요구한다. 그것은 바로 가부장적 도덕과 아버지의 영원한 처녀인 딸들이 줄곧 피하려 했던 지식이자 자신의 갱신과 분리, 자기 자신의 고유성을 얻는 것에 따르는 고통을 피하기 위해 주어진 일만 잘하려고 하면서 외면했던 지식이다. 혐오감과 함께 등장한 이난나는 자신의 살 권리를 요구한다. 그녀는 아버지의 딸이 아니고 아름다운 처녀도 아니며, 추하고 이기적이며 무자비하고 무관심하다.

우리는 억압된 힘의 그림자의 악마적 회귀를 알고 있다. 그것이 비록 궁극적으로는 생명을 의미해도, 생겨날 때 자주 분출되며 많은 길들임을 필요로 한다. 그것은 어쩌면 "거친 짐승"이거나 여성이 자기 자신이나 주변으로부터 숨는 것에서 벗어나 자신의 발로 서려고 할 때 느끼는 두려움일 수도 있다. 우리는 이러한 악마적 형태로 귀환하는 여신을 초기 여성의 해방된 분노의 많은 부분에서 볼 수 있다. 그러한 단계는 대부분 흘러가 버리지만 입문하는 모든 여성 개개인은 그것을 거쳐가야 하기 때문이다. 그러한 시점에서 치료를 받고 있는 한 여성은 다음과 같은 꿈을 꾸었다.

나는 어떤 남자(그의 열정을 세련되고 지적인 허울 아래 숨기는)에게 진 빚을 갚는다. 갑자기 도시의 모든 경보가 마치 핵공격이 있을 때처럼 꺼진다. 나는 숨을 곳이 없다는 것을 깨달았다.

그녀는 핵 공격을 차갑고 비개인적이며 파괴적인 힘으로 묘사했다.
또 다른 여성은 그녀가 자기 자신을 주장하면 사나운 표범으로 변할 것을 두려워했다. 그러면서도 자신의 힘을 자랑스러워하기도 했다. "저는 이제 남편에게 맞설 수 있습니다. 저는 그가 나를 해치게 두지 않을 뿐더러 그를 해치고 싶어한다는 것을 깨달았어요. 그가 상대해야 하는 것은 그러한 저에요." 그녀는 새롭게 얻은 그 힘을 즐기면서 그렇게 위협했다. 그것은 그녀의 결혼 생활에서 그녀의 오래된 감정적이고 순종적인 억제가 더 이상 일어날 수 없다는 것을 의미했다. 그녀는 연약하고 모든 것을 받아들이는 순교자 역할에서 더 이상 간접적인 타당성 확인을 찾을 수 없었던 것이다. 동등한 두 사람 사이의 결혼에서 사랑을 대신하는 연민과 보살핌이라는 오래된 기반은 사라지고 두 사람은 그들 사이에 새로운 관계의 유형을 만들어야만 했다. 이러한 개인의 변화는 탈가부장제 시대의 새로운 관례를 만든다.

대리 희생

이난나의 귀환은 그녀를 대신할 존재를 필요로 했다. 그녀는 자신을 대신할 희생양으로 누구를 선택할 수 있을까? 에너지의 보존과 희생의 법칙이 그녀를 해방했다. 신화에서 이 법은 연하제례의 기초가 된다. 우리가 보았듯이 오직 희생에 의해서만 전체성 유형의 파열이 다시 균형을 찾을 수 있다.

어떤 면에서 이난나와 동등한 것은 오직 그녀가 사랑하는 배우자라는 것을 알 수 있다. 실제로 그녀가 두무지를 위해 만든 사랑 노래에서 그녀는 그에게 이렇게 말한다.

당신, 사랑하는 당신, 나의 사랑
나는 당신에게 악한 운명을 가져다주었다…
당신은 나의 외음부에 당신의 오른손을 놓았고,
왼손으로는 나의 머리를 쓰다듬었다

당신은 당신의 입을 나에게 맞췄고
나의 입술을 당신의 머리에 가져갔다.
그래서 당신에게 악한 운명이 정해진 것이다.
여성들의 "용"은 그렇게 대접받는다.... [137]

여신에 대한 두무지의 사랑은 그에게 번영과 큰 기쁨을 가져다 주었다. 하지만 감히 여신과 친밀한 관계를 맺은 그는 그 대가를 치른다. 후대의 신비의식은 여신의 얼굴을 보고도 살아남는 것을 허락하지 않았다. 어떠한 살아있는 인간도 실제의 얼굴을 견디고 멀쩡히 살아남을 수 없다. 두무지는 그 이상의 것을 했고, 따라서 그는 이미 신성한 존재 또는 "희생되었다". 입문자로서 여신은 그를 그녀의 하부 세계적인 측면으로 데려간다. 이것은 그의 희생에 대한 비의적esoteric이고 심리적인 신비이다. 어쩌면 이난나는 그녀의 대등한 짝에게 같은 강도와 지혜를 얻게 하기 위해 그녀가 경험한 것과 같은 하강에 도전하게 만든다.

사랑하는 이가 되면 가장 심하게 다친다. 자신이 드러나고 상대방의 콤플렉스를 깊이 알게 된다는 것을 의미하기 때문이다. 친한 사람이 가장 깊은 상처를 헤집고, 연인이 적이 되기 때문에 피할 수 없는 "악한 운명"의 순간들이 있다. 그들은 또한 사랑하는 적이기도 하다. 상처는 분리를 만들고 새로운 격정은 이를 뛰어 넘기 때문이다. 종종 우리는 심리적으로 발전해야 할 때, 우리의 최악의 콤플렉스를 들먹일 친밀한 사람을 바로 그러한 목적으로 선택하는 것을 발견한다.

아마도 우리는 우리가 진실을 밝히려는 만큼 (때로는 두려울 만큼 동등한) 소중한 상대에게 그저 상처 입히려는 것인지도 모른다. 동등함을 느낄 수 없는 친밀한 상황에서는 어두운 여신의 객관적인 관점으로 말하는 것은 극도로 어렵다. 그럴 때 객관적으로 말한다는 것은 부모의 위안과 안전이 필요한 아이에게 주는 것과 기본적으로 유사한 사랑의 관점을 위협하기 때문이다. 그래서 우리는 너무 자주 망설이고 움츠러들며 두려움에 의한 보복 없이는 사실을 견뎌낼 수 없어 보이는 약한 상대와 우리 스스로를 보호한다.

자신을 검증하기 위해 상대방에게 매달릴 때 우리는 순응하거나 무의식적으로 폭발한다. 하지만 두무지를 기꺼이 내려보낸다는 것은 우리 자신의 현실을 용납한다는 것을 의미하고, 콤플렉스가 있는 것을 과감하게 겨냥한다는 의미다. 비록 그것이 상대방을 방어적으로 만들어 그의 자아를 하계에서 사라진다 하더라도 말이다. 그것이 두무지가 직면해야 하는, 사랑하는 사람을 모험으로 이끄는 외향화된 측면이다. 내향화된 측면은 가장 소중한 이상을 희생하고 그것을 여신에게 넘겨주어야 하는 것을 내포한다. 자기 자신으로서의 여성, 자신의 자기가 살아남기 위해서는 사랑의 여신과 인간 아버지의 딸의 아름다운 상냥함, 정신과의 동일시, 그리고 일을 쉽고 순진하게 하는 것 — 이러한 아니무스 이상(理想)들은 어두운 여신에게 되돌려지고 깊이 변화되어야 한다. 이런 점에서 사랑하는 두무지는 가장 좋은 아니무스의 자세이자 늙은 왕이다. 그러한 자세는 여성성의 영혼이 자기에게 부여해야 하고, 자신을 증명하고 정체성의 일차적 질료로써 죽여야 하는 것이다.

두무지

신화적으로 두무지는 죽어가는 양치기 왕으로, 아벨과 그리스도의 전-형상이다. 그의 이름은 "충직한 아들"을 의미한다. 그의 어머니는 양치기들에게는 암양^{ewe}을 의인화한 여신이자 소치기들에게는 야생 소의 여인이고, 다른 시대에는 갈대의 여신이라 불린다. (그는 어디에서도 이난나의 아들이 아니다). 두무지의 아버지는 엔키로 수확을 풍요롭게 하는 물이다.[138] 두무지의 한 형태는 대추야자의 신과 관련이 있고,

또 다른 형태는 곡식과 보리 안에 있는 맥주를 만드는 힘과 관련이 있다.[139] 야콥슨은 그를 "자연, 식물과 동물 안에 있는 새로운 생명의 약동"이라고 부른다.[140]

하지만 그는 또한 죽을 수밖에 없는 인간의 왕이자 백성들의 목자이며 땅을 함락시키는 자이면서 수확하는 자로서, 불멸의 원리와 동일시되는 자이다. 그는 기원전 4000년 우르크 시대 화병에서 신성한 결혼 의식에서 이난나의 배우자로 묘사되어 있다. 이 역할에서 그는 완전한 화신인 인간, 일종의 신-인, 불사가 된 인간을 대변한다. 배우자로서 그는 불멸의 생명과 다산의 여신에게 헌신하게 된다. 그의 의식은 생명의 한계와 조화를 이루는데, 그 이유는 인간의 능력을 넘어 자원 속에 내재되어 있는 존재의 감각을 그에게 주는 초개인적인 에너지의 유입을 통해 그 한계들을 초월하기 때문이다. 신과 동일시하여 태양처럼 만들어져 숭배받은 아풀레이우스Apuleius처럼 두무지는 왕으로서 배우자로서 신격화되었다.

하지만 그는 그 땅의 여신의 죽을 수밖에 없는 남편으로 스스로 갱신하려는 땅의 창조를 위해 죽어야만 한다. 그의 인간적인 리비도는 아낌없이 주는 이난나의 가슴인 땅을 얻고 이난나의 음문인 흙을 갈아 그녀가 땅에 비옥함을 가져오기 위해 필요하며,[141] 그의 죽음은 갱신을 위해 필요하다. 왜냐하면 그는 왕으로서 수확과 신성한 완벽함의 절정이나 필연적으로 시드는 힘과 동일시되기 때문이다. 그의 리비도는 정점에서 희생되어 삶과 죽음이 일어나는 계절의 순환, 사랑의 결합과 고통스러운 이별, 병합과 분리의 순환을 움직인다.

이난나가 에레크에서 두무지를 발견하기 전에 세 명의 다른 인물들이 귀환한 그녀 앞에 나타난다. 그들은 모두 상복을 입고 "어머니" 이난나의 발 앞에 몸을 던진다. 그녀는 닌슈부르와 자신의 두 아들을 악마들로부터 구하는데, 자신의 곤경에 무관심한 두무지를 본다. 그는 "고귀한 옷을 입고 ... 드높은 왕좌에 앉아 있다."142 그는 악마에게 둘러싸인 것으로 보인다. 그는 여신을 보고도 무릎 꿇지 않는다. 그는 그의 왕좌에서 내려오지 않는다. 배우자이자 해year의 신으로서 그는 불모의 땅의 고통을 면했다. 그는 그녀의 풍요와 아프로디테적 측면을 제외한 여신의 나머지 면모를 모르는 것 같이 보인다. 그는 그가 가장 좋아하는 역할, 즉 무지한 채 신과 같고 제왕 같은 역할에 심취해 있다. 그런 그에게 이난나는 그녀의 증오와 복수심, 귀환한 여신의 악마성을 분출한다. 그녀는 그에게 "죽음의 눈을 고정하고 그를 비난하며 분노의 말을 쏟는다. ..."143 빛의 세계에서 그녀는 자신의 하부 세계적인 죽음을 다루는 여신의 측면을 전부 지니고 자신의 자매와 같은 행동을 반복한다.

이러한 순간까지 두무지는 두려워하지 않고 비굴해지지 않는다. 신과 동일시된 그는 안전하다. 그는 충분히 강하거나 그의 인간적인 연약함을 깨닫지 못한 채 총애받는 배우자이자 왕으로 서있다. 그는 어머니의 연민을 구하는 아이가 아닌 신-인의 모습으로 서있다. 그것은 이난나를 매우 영예롭게 하는 결과는 낳는다. 이난나가 두무지에게 대항하여 생존하려는 절실한 욕구를 가질 수 있다. 그는 제 시간에 그 욕구를 길들일 수 있는 것이다. 그는 자신의 분리된 안전한 실재를 가진 채 그녀의 실재와 만난다. 그는 대등한 자로서 그녀와 마주한다. 그래서 그녀는 염려할 필요가 없다. 그녀는 대등하지 않은 여신과 인간, 여왕과 종, 부모와 자식의 유대를 잘라낼 수 있다. 그녀는 그를 시험하고 의식 세계에서 자신의 더 많은 모습을 구체화할 수 있는 여지를 찾을 수 있다. 그녀는 그에 의해서 존경심을 얻는다.

이것은 초개인적인 에너지가 상대자로 인간을 필요로 한다는 점과 그러한 필요성의 여러 방식 가운데 하나를 시사한다. 다시 말해서 여기서는 반영하는 음성이 아니라 대등한 존엄성dignity으로 말이다. 두무지가 여신의 배우자와 동일시되었기 때문에 그는 일시적으로 여신과의 균형을 맞추는 초개인적인 힘을 구현할 수 있었다. 이리하여 귀환한 그녀의 악마적인 맹공이 끝난다. 목표물이 생긴 악마들은 그들의 분노를 두무지를 쫓는 데 쏟을 수 있다. 그들과 맞설 수 있는 그의 능력은 이 땅의 사람들을 안심시킨다. 왜냐하면 그는 그들의 동반자이자 왕으로서 분노의 화살을 맞고 그들의 희생양이 되어 평화의 제물로 바쳐지기 때문이다.

(근)현대 세계에서 하계에서 다시 태어나 초기에는 악마처럼 귀환한 입문자가 그의 길들여지지 않은 에너지의 분출의 목표물로 가까운 가족 구성원이나 치료자를 선택하는 경우가 매우 흔하게 일어난다. 만일 이것이 의식적으로 인정되거나 묵인되어 받아들여질 수 있다면 그것은 전체적인 과정의 부분이 될 수 있다.

신화의 이 부분은 타당성을 확인하는 수단으로써 지나치게 감상적이고 자기 부정적인 문화의 변태적 이상과 동일시된 여성의 심리적 문제를 지적한다. 그녀들은 어머니다운 것처럼 비쳐지든지 측은히 여겨지든지 위로받을 때 자신의 욕구를 한편에 밀어 놓는다. 그녀들은 진정한 관계를 잃고 병합되지만, 그러한 병합은 단지 직면을 피하는 방법에 불과하다. 그것은 개인의 온전함을 키우는데 필요한 여성의 힘을 하부 세계에 머물도록 한다. 그러나 개인의 정체성의 콤플렉스는 에너지를 잃지 않는다. 그 안에서 힘은 역류하고 여성은 반복적인 주기로 우울로 되돌아간다. 아니면 그것을 감당할 수 있는 누군가가 나타날 때까지, 콤플렉스의 격정적 에너지를 견디고 수용하며 그것을 구체화할 필요성을 존중함으로써 그것을 잠재울 수 있는 누군가가 나타날 때까지 두리번거리면서 그를 찾는다.

고통이 가해지는 것을 보는 것을 통해서 격정에 빠지는 여성은 자신이 슬픔과 회환 때문에 변하는 것을 막지 않는다. 그러나 여성의 힘은 모성 콤플렉스에 사로잡혀 굳건히 버티지 못하는 아버지나 남편 또는 남자 형제에 의해 굉장히 일찍 외면당하는 경우가 너무 많다. 그리고 나서 그들은 이난나의 아들들처럼 굽실거리며 (화를) 달래거나, 자신의 무의식 깊은 곳에서 나온 지옥의 황소처럼 분노한다. 그리고 자신의 분리와 개인의 정체성을 주장할 수 있는 여성의 적극적 에너지는 자신과 자신의 신체적, 심리적 아이들에게로 되돌아가거나, 수동-공격적인 행동으로 이동한다. 어느 경우든 그녀는 자신의 필요성을 입증할 수 있는 기회를 잃는다. 여기서 여성은 서로에게 도움을 구하고 남성들에게 도움을 구할 필요가 있다. 왜냐하면 우리는 오래되고 감상적인 이상으로부터 독립하는 것을 막 배우고 있는 중이기 때문에 완전한 정체성을 가지게 되면 남을 불쾌하게 만들 수 있기 때문이다.

이러한 맥락에서 두무지가 다시 태어난 이난나를 숭배하지 않는 것을 다른 관점으로 이해할 수도 있다. 그 관점은 여성들이 힘을 얻기 위해 고군분투하며 고통을 겪고 의식으로 돌아오는 순간 아주 유의미하다. 두무지는 그의 배우자가 고통을 받는 동안 축전을 벌이고 있다. 그는 그녀의 하강에 가치를 부여하지 않았고, 그녀의 귀환을 무시했다. 이것은 아마도 그가 그의 예민한 감성과 심연과 굉장히 빈약한 관계를 맺고 있는 것으로 볼 수 있다. 그래서 그는 여신을 부정하고 거창하고 명랑하게 행동함으로써 그녀의 고통과 욕구로부터 숨는다. 위압당한 굴종적인 "아들들"과 달리 그는 너무 높으며 이난나에 대한 모든 공감적 배려가 부족하다.

우리는 이러한 모습을 자기도취적인 남성의 반응에서 자주 볼 수 있다. 그는 배우자의 고통을 인정하지 않고 경시한다. 예를 들어 그녀가 출산한 뒤나 "그의" 가족 밖에서 독립적인 자리를 찾기 위해 괴로워할 때 "불쌍한 나"나 "왕인 나 먼저"를 연기하여 여성의 투쟁을 은근하게나 대놓고 약화시킨다. 특히 그녀가 자신의 힘을 얻어 그가 최우선이라는 그의 기존의 태도에 도전하기 시작했을 때 그녀를 비난하거나 경멸하고, 소극적이거나 냉담한 태도를 취하며 그의 책임에서 벗어나려고 할 수도 있다. 이처럼 그는 스스로 하부 세계로 내려가려는 욕구, 그가 방어하지 않고 수용하며 대등한 존재로서 존경할 수 있는 자신의 내적 여성성과의 관계를 모색해야 하는 그의 욕구를 배신한다.

신화에서 뱀으로 변하는 두무지의 변신은 상징적으로 그가 무의식의 깊이와 직면해야 할 자신의 욕구로부터 벗어나려는 하나의 방식으로 해석될 수 있다. 또 다른 시를 해석해 보면 그가 누이에게로 도망치는 것은 그의 인격과 아니마의 발달에 대한 더 희망적인 예측을 가능하게 만든다.

10장 균형의 조정: 과정의 수용

하나의 용해: 변화의 지혜

이난나는 "그를 데려가라"고 명령한다. 그리고 "어떠한 선물도 받지 않는" 운명의 도구인 악마들이 두무지를 묶고 때린다. 그가 받는 고문은 욥과 그리스도의 것과 다르지 않다. 그도 그의 신화적인 후손들처럼 신에게 구조를 호소한다. 두무지는 고난을 통해 두려움과 죽음에 대한 경외를 완전히 깨달았다. 그는 자신의 제왕적이고 신다운 상태에서 벗어나 갑자기 자신의 필멸의 운명과 인간의 불안과 죽음을 깨닫는다. 이난나 여신의 어두운 면과 직면한 그는 두려움과 고통을 느끼고, 이것들은 그에게 여신에 대한 경외와 그의 유한한 삶의 가치를 가르친다. 그는 자신을 구하려고 노력한다. 그는 눈물을 흘린다. 그는 그와 이난나의 결혼을 주선한 태양신 우투에게 호소한다. 그는 뱀으로 변신할 것을 요구하고, 우투는 그의 청을 들어준다.

길가메시와 달리 두무지는 뱀에게 그의 불멸성을 잃지 않는다. 그 대신 뱀으로 변신함으로써 뱀의 지혜, 즉 위대한 순환에서는 아무것도 죽지 않는다는 지혜를 얻는다. 뱀이 허물을 벗은 것처럼(이난나가 예복을 벗는 것처럼) 생명의 형태는 사라지고 새로워지며, 뱀의 힘의 불멸의 에너지가 남는다. 그래서 두무지는 다른 성육신에서 이난나의 왕좌와 침대에 오르며 불멸의 생명의 여신을 모시는 필멸의 배우자 역할을 한다. 새로운 생명의 상징인 신성한 왕권의 제도는 지속될 것이고 이것을 통해 두무지는 그의 필멸의 상태에서 "탈출"할 것이다. 이 시는 뱀인 "왕 두무지는 그의 악마들에게서 벗어났다"는 말로 끝난다.144 이것은 입문자의 "탈출"이며 의식의 주술적이고 모계적 차원, 즉 에너지 변환 주기의 전체적 유형의 관점이다.

여기서 변환은 이난나의 형제 태양의 신 우투가 제공한 것이다. 우투는 두무지의 눈물, 필멸의 고통과 공포에 대한 응답으로 두무지를 신성하게 만든다. 그는 인간의 화신을 희생하고 그에게 불멸의 형태의 뱀, 여신의 불멸의 배우자, 생명 에너지의 상징을 부여한다.

태양의 신 우투는 에레쉬키갈의 균형이다. 그는 엔키와 같이 가부장적 로고스의 방식 밖에 있으며 여성의 적이 아니라 보완자이다. 그는 다른 태양신들처럼 밤의 달이나 별의 여신(또는 대지의 아들이나 배우자)의 쌍둥이로서 여성성을 상징한다. 두무지에게 행한 변환을 통해 그의 삶은 계속되고 고정된 한계는 없으며 에너지의 변환만 있을 뿐임을 암시한다. 이것은 이난나의 순진무구함과 균형을 이루는 에레쉬키갈의 메시지처럼 ― 삶에는 끝이 있으며 한계와 이별이 있다― 두무지의 두려움과 균형을 이룬다. 태양신과 어둠의 여신은 변화의 지혜를 지닌 비밀스러운 신전의 기둥이다. 우리는 이 신화에서 안정적인 용해lysis를 찾을 수 없을 것이고 심오한 지혜 외에는 해결책이 없다.

심리적으로 우리는 사람이 끔찍한 공포와 너무 강력한 적에게 사로잡힐 때 그런 형태의 변화를 종종 본다. 그때 두려움은 그 또는 그녀를 인간의 차원으로부터 몰아낸다. "새를 향해 날아가는 매처럼, 그의 영혼이 그를 떠났다"145 그는 두무지처럼 그의 인간의 영혼을 잃으며 무의식에 빠지고 정동에 압도당하며, 공포에 휩싸인다. 그는 공포 자체가 되어 그 맹습으로부터 살아남으려 한다. 그렇기에 그는 더 온화한 환경에서 다시 태어날 기회가 있을 때까지 삶으로부터 숨어 지내려고 한다.

두려움은 죽을 수 밖에 없는 인간의 영혼을 사로잡고 영혼을 하강시킨다. 그때 하계는 숨을 곳이자 피난처가 될 수 있다. 우리는 정동이 부정적인 아니무스와 아니마의 공격에 의해 개인의 정체성 감각을 압도할 때 이러한 하강을 볼 수 있다. 그리고 자신을 제대로 인정하지 않는 환경에서 적절한 안정을 찾지 못하고 자신을 아웃사이더나 희생양으로 느끼는 사람들의 삶의 이야기에서도 이러한 모습을 볼 수 있다. 그때 지하세계는 그들의 영혼의 고통스러운 피난처로, 그들의 귀환도 이난나의 귀환처럼 일어난다.

또 다른 용해: 이난나의 회한과 에너지의 재균형

다른 신화 —"가장 쓰라린 울음소리", [146] "두무지의 꿈"과 "귀환"[147] — 에서 이야기는 다른 식으로 끝을 맺는데, 새로운 두 가지 요소가 추가된다. 하나는 배우자의 죽음에 대한 이난나의 반응이고, 다른 하나는 두무지의 누이 게슈티난나의 등장이다.

먼저, 사랑하는 사람을 잃은 슬픔에 대한 위대한 여신의 노래다: 이난나는 그녀의 젊은 신랑을 애도한다.

나의 남편, 다정한 그가 죽었네 ...
나의 남편은... 식물들 사이로 사라졌네, ...
식량을 구하러 간 나의 남편은, 식물로 바뀌었네 ...
... 물을 찾아 떠난 나의 남편은, 물로 바뀌었네.
나의 신랑은 마치 손을 내리치듯, 도시를 떠났네. ...

그녀는 그가 "포획당했고", "죽임당했으며", "더 이상 씻지 못하고", "더 이상 이난나의 어머니를 그의 어머니로 모실 수 없으며", "더 이상 그의 도시의 청년들과 경쟁할 수 없고", "더 이상 그의 도시의 처녀들과 노닥거릴 수 없다"고 눈물을 흘린다. 이난나는 상실감에 빠졌다. 그녀는 그녀의 잃어버린 연인을 찾는다. 그녀는 늙은 아들들의-어머니 여신을 물을 담는 가죽 부대로 변하게 만들어 "남편이 누워 있는 곳, 즉 그의 무덤이 있는 사막의 스텝 지대(훗날 히브리의 희생양들을 데려간 도시 외곽)을 더 좋게 다진다. 그래서 그곳을 여행하는 젊은이는 신선한 물을 마실 수 있게 될 것이다. 이것은 오래된 원천과 리비도의 그릇이 새로운 것으로 변환된 것을 암시한다. 저승으로 가는 여행자는 그가 사랑받고 있고, 황량한 방랑 속에서도 그러한 모성적 물 부대로부터 물을 얻을 수 있을 것이라는 것을 알게 될 것이다. 그것은 여신이 주는 커다란 위로이고, 모성적 물질이 형태를 바꾸어 우리가 죽음처럼 느끼는 하강조차 새롭게 할 수 있다는 사실을 암시한다.

여신은 그녀의 연인을 애도한다. 그녀조차 변화가 일어나는 마음속에 있는 깊은 깊은 슬픔에서 벗어날 수 없다. 운명의 도구인 그녀는 슬픔을 일으키는 원인이 되지만, 그녀 또한 슬픔을 경험하고 거기에서 풀려난다. 에레쉬키갈이 하계에서 신음하는 동안 그녀는 자신의 변환을 의식하지 못한다. "위대한 위"에서 이난나는 사랑하는 사람과의 이별에 괴로워한다.

그러나 수메르 왕조 전(全) 시대에 걸쳐 그녀가 그녀의 땅과 도시의 왕으로서 새롭게 성육신한 두무지와 기쁘게 재결합하는 것을 이야기하는 다른 노래들이 있다. " '잠자는' 날에/ 새로운 해, 예식의 날에" 그녀는 신성한 결혼식에서 다른 사람들을 그녀의 침대로 데려간다. 그리고 죽지 않는 삶의 순환을 경축한다.[149]

위대한 여신은 자신의 죽음과 삶이 시간을 통해 변화하는 과정을 기뻐하고 애도하며, 새로운 필멸의 존재들을 데려와 그들을 그들의 배우자의 영원한 순환 속으로 보낸다. 그 역할에 저항하여 그녀의 신성한 결혼 제의를 거부하고 왕권을 새로운 기반 위에 올리며 여신을 지속적으로 폄하한 길가메시가 등장하기 전까지 말이다. 이난나는 에레쉬키갈과 마찬가지로 원형적인 에너지 유형이다. 인간의 각 세대는 지속적인 대극의 여신과의 접촉을 통해 바뀌고 영향을 받는다. 그리고 우리는 그들의 웅장한 패턴 안에서 삶을 지속시키는 균형을 찾고 창조할 필요가 있다. 세속적인 세상에서 살아남기 위한 닌슈부르의 현실주의와 헌신처럼, 인간은 평형상태를 유지하기 위해 이동하고 투쟁하며 흐르며 변화되어야 하기 때문이다. 그것은 고정된 이상적인 결말이 없는, 끝나지 않는 연극이자 균형을 찾는 행위이다.

세 번째 용해: 두무지의 누이 게슈티난나

그러나 문제는 인간의 관점에서 볼 때 훨씬 더 복잡하다. 여신 이난나에게는 그녀의 원형적인 강렬함에도 불구하고 우리가 가지고 있는 개인적 인간관계 능력이 부족하다. 그녀는 두무지의 역할을 맡을 필멸의 존재가 누구든 그를 필요로 한다. 그녀는 여신이며, 자신의 본질적인 필요나 다른 비인격적인 강렬함을 제외한 다른 것과는 전혀 관련되지 않는다. 우리 인간들은 더 어려운 처지에 있는데, 그것은 우리가 작고 시공간에 얽매어 있으며 개인적인 친밀함의 네트워크 안에 뿌리내리고 있기 때문이다.

우리는 여신인 원형적 에너지에 헌신하고 그 에너지에 의해 패턴화되고 활기를 얻는다. 그러나 우리는 땅 위에 육화된 우리 자신을 살펴야 하고 우리와 운명을 공유하는 다른 연약한 생명체들에게도 신경을 써야 한다. 우리는 원형적인 영역과 의식적인 관계를 유지하기 위해 노력해야 할뿐만 아니라 움직이는 균형을 따라 유지하고 삶을 향상시키기 위해 특정 원형과 동일시하는 것을 피해야 한다. 그러나 우리는 격정과 정감, 사랑과 전쟁의 여신으로서 우리의 개인적인 삶과 시간에 얽매인 땅에서 사는 삶을 지지하는 여신으로서의 이난나를 대표해야 한다. 또한 우리는 세속적인 인간 영역과 그것이 구체화된 필요불가결한 것들을 제공하고 유지하면서 그녀를 숭배해야 한다. 왜냐하면 우리는 우리의 개인적인 연결 안에서, 그리고 그 연결을 통해서 여신을 발견하고, 우리가 겪는 격정의 장소에서 일상의 삶 속에 육화된 여신을 발견하기 때문이다. 그리고 이것은 "두무지의 꿈"의 신화가 암시하듯이 위대한 비인격적인 여신 이난나에게 헌신하는 것이다. 우리의 열정과 희생을 통해 여신은 연인을 돌려받고, 삶은 그녀의 거룩한 태에서 흘러나올 수 있다.

땅의 생명인 여신 자체인 자연은 그녀가 단 한 명의 불멸의 배우자를 가질 가능성을 봉쇄한다. 여신의 배우자는 죽을 수밖에 없는 인간이자 그녀를 섬김으로써 신으로 만들어진 남성인 신-인이다. 그는 영원한 변화의 과정에서 삶-죽음의 대극을 육화했다. 그것은 길가메시처럼 영원과 항상성을 원하는 우리의 한 부분에 두려움과 혐오를 준다. 그러나 여신 또한 물질이기 때문에 물질로서의 삶에는 영원과 항상성의 형태가 결코 있을 수 없다. 우리는 우리가 영웅적 이상이라고 부르는 육화된 항상성에 매달리는 대신 다른 방법으로 우리의 영원을 얻어야 한다. 우리는 길가메시와 가부장적 자아가 변덕스러운 것으로 폄하하는 여신을 넘어 오히려 비항구적인 것으로서 그녀를 섬기는 법을 배워야 한다. 그것이 우리 시대의 첫 번째 심리적 과제이다.

"두무지의 꿈"의 신화에서 우리는 신화에 소개된 새로운 인물에 의해 이 방향으로 인도된다. 양치기 왕의 누이 게슈티난나가 우리를 신화적 힘의 극적인 강렬함에서 끌어낸다. 그녀는 이난나 자료에 있는 생생하고 압도적인 에너지 패턴과 더 작고 세속적이며, 인간적이고 개인적인 세계의 패턴을 연결한다. 그녀는 우리에게 가부장제를 넘어 삶과 죽음의 여신에 대한 경외심을 유지할 수 있는 가능성을 가리킨다. 그러나 거기에는 대가가 따른다: 기꺼야 받아들여야 하는 대가이다.

*

엔키의 딸이자 그의 아내이며 두무지의 누이인 갈대의 여신, 게슈티난나는 현명한 여성이다. 그녀는 "말의 의미를 알고 ... 꿈의 의미를 아는 태블릿이 무엇인지를 아는 서기이다."[150] 시에서 양치기는 자신의 일과 자신이 파괴되는 꿈을 꾼다. 그는 갈대 하나가 죽음을 애도하며 고개를 숙이며 갈대 두 개가 잘려나가는 것을 보고 누이에게 자신의 비전을 해석할 것을 부탁한다. 그녀는 그것을 그와 그녀의 운명을 예언하는 그들의 어머니의 애도로 본다. 그녀는 그에게 도망갈 것을 종용한다. 그녀는 그를 "잡으려고 하는 악마들이 오는" 것을 보고, 그 대신 그녀가 고문 당하는 한이 있더라도 침묵으로 그를 보호할 것을 맹세한다. 나중에 그가 마지막으로 그녀의 집으로 도망치다 붙잡혔을 때 걷잡을 수 없이 슬퍼하며 그를 찾아다녔다.

닌슈부르처럼 인간의 차원에서 헌신하는 게슈티난나는 하부 세계에서 사라진 이를 되찾기 위해 자신이 할 수 있는 일을 한다. 그녀는 두무지의 꿈에서 본 운명을 따른다. 그런데 그녀는 그것을 필멸의 여성으로서, 높은 신을 통하지 않고 여신을 통해서 그렇게 한다. 다른 신화에서 그녀는 그녀의 친구이자 두무지의 사랑을 잘 알고 있는[151] 이난나와 함께 두무지의 무덤을 발견하고 슬퍼한다. 그런 다음 온전한 의식을 가지고, 여신에 의해 확립된 패턴을 따라 하부 세계에서 그녀의 형제를 대신할 것을 제안한다. 그녀는 자신의 잘림을 승낙한다.

그녀와 이난나는 둘 다 이별과 상실, 즉 중요한 파트너의 죽음을 겪은 다음 하강한다. (이와 같이 무덤은 항상 하계와 무의식의 심오한 입구로 여겨져 왔다). 그러나 게슈티난나는 모험과 힘을 사랑한 여신과 같은 이유를 자신을 바치지 않는다. 그녀의 동기는 인간의 격정, 즉 사랑과 슬픔이다. 그래서 그녀의 희생에 감동한 이난나는 두무지에게 선고한 형을 바꾸고 꿈에서 정해진 게슈티난나의 운명을 경감한다. 그녀는 남매가 번갈아 가며 각자 하부 세계에서 6개월을 지낸 뒤 지상에서 6개월을 지낼 것을 명한다. 여신은 그들이 그녀의 순환 — 하강과 귀환, 귀환과 하강 — 인 삶의 패턴의 끝없는 재정렬의 과정을 구현하는 것을 허락한다.

게슈티난나라는 이름은 "하늘의 포도나무"를 뜻한다. 그녀의 별칭 중 하나는 "포도의 뿌리줄기"이다.[152] 두무지가 봄철에 수확한 곡식과 그것을 발효한 맥주를 인격화한 것처럼, 그녀는 가을철에 수확한 포도와 그것이 발효된 포도주의 힘이다. 그녀는 태양신 우투와 이난나만큼, 아니 어쩌면 그들보다 더 자신의 형제와 가깝다. 시에서 양치기에게 양 무리 사이에서 벌어지는 근친상간을 보여주며 게슈티난나에게 성(性)을 처음 알려주는 것을 보면 아마도 더 가까울 것이다. 그녀는 땅의 "뿌리줄기", 쌍둥이 별자리의 자매로 서 있다. 그녀는 친족결혼의 리비도와 관계가 있고, 남성성과 친밀하고 개인적인 연결을 가지고 같은 자궁에서 함께 나와 함께 죽는, 같은 모습으로 두 개로 갈라지는 것과 관계가 있다. 따라서 게슈티난나는 필멸의 인간 남성의 누이-동료가 될 수 있는 여성을 인격화한다. 그녀는 여신의 비인격적 역량을 뛰어넘는 방식으로 보살핀다. 그녀는 인간적인 지혜로 삶의 연약한 모습을 보고, 그녀의 슬픔과 사랑으로 기꺼이 그들의 짐을 나눈다. 그녀는 다시 태어난 여신을 섬기지만 자신의 입지도 유지할 수 있다.

게슈티난나는 이난나의 하강과 귀환 후에 이 이야기에 등장한다. 그녀는 자기희생의 대가로 보답을 구하지 않는다는 점에서 방어적인 태도를 취하는 아버지의 딸과 같지 않다. 그녀의 관계 능력은 여신의 비인격적이고 여왕다운 리듬과 원시적인 정감을 더 가깝고 구체적이며, 세속적인 느낌으로 육화된다. 그녀는 무의식의 메시지를 읽을 수 있고, 악마에게 굳건하게 맞설 수도 있다. 그녀는 인간과 초인격적 영역 사이를 중재할 수 있는 하나의 이미지이자 그것들을 함께 엮어야 하는 부담을 나누어 가질 수 있는 하나의 이미지다.

게슈티난나는 이난나의 하강과 귀환의 산물의 상징으로 보인다: 자신의 어두운 여동생과의 조우에서 새 눈이 튼 곁가지, 새로운 삶의 "포도나무의 뿌리줄기"이다. 그런데 위대한 여신에 비하면 그녀는 겸손하고 인간적이며 인간적 의식을 가진 것으로 보인다. 엔키의 딸로서 그녀는 감정의 차원을 지원한다. 그의 운명과 감정에 가까운 그녀는 두려움에 떨며 의존하는 그녀의 형제를 보호하고 그의 운명에 창조적으로 대응한다. 신-인으로서의 배우자인 두무지와 달리 그녀는 "현명한 여성"이다. 그녀는 의식적이다. 그의 두려움과 꿈이 그녀를 의식하게 만들었다. 하지만 그녀는 의식과 사랑의 희생을 통해 스스로 인간적인 고통을 완화하고 감당할 만큼 충분히 강하다. 그녀는 그녀의 인간적인 형제에 대한 열정적인 사랑으로 친구인 여신에게 자신을 바친다. 그리하여 그녀는 자신의 운명으로부터 도망치지 않고, 길가메시나 가부장제처럼 운명의 여신을 폄하하지도 않는다. 그녀는 자원한다. 그리고 이 용감하고 의식적인 묵인으로 스스로 저승과 대면할 것을 선택함으로써 그녀는 희생양의 패턴에 종지부를 찍는다. 그녀는 기꺼이 이난나뿐만 아니라 에리쉬키갈에게 자신을 바치고 그녀들을 섬긴다.

그녀의 이미지는 그리스도와 같으면서 그보다 더 개인적이고 매우 여성적이다. 그리스도는 모든 사람을 위해 그의 목숨을 바쳤다. 장엄한 행동이다. 그녀는 "사랑하는 남자"라고 부르는 그녀의 형제를 위해 자신을 바치며 용감하게 자신의 운명을 받아들인다.[153] 그것이 작고 개인적인 대답이며, 개별적이고, 개성화된 반응이다. 그것은 이난나의 삶의 과정을 섬기는 그녀만의 창조적인 행위이자, 사랑과 전쟁의 여신을 육화하는 그녀만의 배열, 그녀의 개인적인 감정이다. 지상에서 우리가 경험할 수 있는 감정의 한계는 구체적인 '지금-여기'인 것에 그친다. 그리고 우리 추론의 한계는 우리가 경험할 수 있는 것에 한정된다.

게슈티난나는 거대한 모델이나 과정에 대한 단일한 답이 아니다. 그녀는 그녀 자신이고, 그녀의 반응은 그녀의 감정과 성취에 따른 것이다. 그녀는 단순하게 우리에게 문제를 보여주고 그녀의 해결책을 보여준다. 하지만 나에게 그녀는 여신과 인간의 삶 모두를 위해 헌신할 수 있는 구체화된 능력의 가능성을 전한다. 그녀는 입문과정 전체, 즉 이난나의 새로운 어둠과 격정과 회한, 그리고 두무지의 신성한 왕권과 인간의 의존과 두려움의 결과이자 그 과정의 구현이다. 그녀는 개인으로서 느끼고 남성성의 상대로서 사랑하는 관계를 맺을 수 있다. 또한 그녀는 자신의 깊은 곳과 여신의 밝고 어두운 면 모두를 기꺼이 섬긴다. 시에 묘사된 것처럼 그녀에게는 이난나의 활력이 부족하다. 게다가 그녀는 아직 하강하지 않았기 때문에 에레쉬키갈의 영역도 알지 못한다. 사랑하는 사람과 관계를 맺으려는 본능과 그녀의 깊이와 홀로 서고자 하는 본능을 위한 싸움이 그녀 안에는 없다. 하지만 그녀는 대담하게 하강하려고 한다. 그리고 이것은 많은 현대 여성들의 꿈과 감정이 그녀들에게 요구하는 것이기도 하다.

시가 끝날 때 게슈티난나는 아직 내려가지 않은 상태다. 두무지가 먼저 간다. 이것은 여성의 직접적이고 개인적인 하강 전에 아니무스나 초자아적 이상을 먼저 극복해야 한다는 것을 암시한다.

우리는 게슈티난나에게 어떤 변화가 있을지, 그녀가 첫 번째 귀환과 그 이후의 모든 것에 대해서 어떻게 달라질지 궁금해 할 수 있다. 왜냐하면 각각의 하강은 새로운 과정이고, 그녀는 매번 다른 균형을 가지고 돌아올 수 있기 때문이다. 우리는 인간 여성이나 아니마가 이난나와 위대한 위의 세계에 대한 우리의 리듬 —그것의 활동적인 격정, 외향적이고 집단적인 관계, 그리고 창조적인 표현 —을 섬기는 것을 통해 어떻게 변화될 것인지 궁금해 할 수 있다. 그리고 집단적 무의식이 우리에게 작용하고, 여신과 뮬라다라에 뿌리를 둔 우리의 고독에 도달하게 되는 에레쉬키갈은 물론 어둠과 겉으로 드러나는 정체성의 세계에 대해서 어떻게 변화될 것인지도 궁금해 할 수 있다. 그것은 여성성의 본능과 영적 패턴의 양쪽에 대한 섬김인, 하강-상승-하강의 단계를 견뎌내는 것이다. "거룩한 에레쉬키갈, 당신의 찬사는 참으로 달콤합니다!"라고 느끼고 말하는 것은 어려운 일이다. 그러나 이것은 이난나로 상징되는, 위에 있는 의식 세계로부터 귀환한 여성성의 전 범위를 환영하는 것만큼 필수적인 일이다. 에레쉬키갈을 인정함으로써 우리는 고통과 상실, 심지어 죽음에서조차 의미를 발견할 수 있다. 이 모든 것은 여성에게 타당하고 거룩한 경험이다.

게슈티난나는 그녀의 형제-아니무스와 함께 그 과정을 구현하고 위아래를 오가며 대극을 견디고, 포용하면서 가부장적 양식 바깥에 있다. 그녀가 창조적이고 상대적이며 유연한 입장을 취하기 때문이다. 그것은 그저 그녀를 섬기는 것을 나타내는 개인적 감정과 격정을 견디거나 여신에 의해 요구된 하강과 귀환을 견뎌냄으로써 하나의 이상으로 의도적으로 도달할 수 없다. 그녀는 포도주처럼 새로운 여성성의 정신과 오래됐지만 여전히 새로운 의식의 과정을 상징한다. 항상 새로운 포도나무의 모든 산물은 발효되기 위해서 하부 세계로 내려가고, 하부 세계의 변환의 열매로 변환되어 올라와야 한다. 항상 새로운 포도주지만 맛과 질은 달라질 것이다. 올해의 수확은 다른 해의 수확과는 다를 것이다. 달성해야 하거나 달성될 수 있는 완벽함의 추상적인 기준은 없다. 그것은 땅의 유기체적 순환의 과정이고, 그렇기 때문에 맛과 질이 달라야 한다. 그리고 그것이 핵심이다: 차이를 느끼고 기뻐하고 슬퍼하는 것이다.

디오니소스의 선조인 게슈티난나는 우리에게 새로운 종류의 개성화하는 자아로 향하게 한다: 삶과 죽음의 변화 과정을 경축하고 묵인하는 자아, 초개인성과 개인성 사이에서 끊임없이 변화하는 균형을 구현하는 자아,[154] 지하계의 그림자와 마주치는 것을 감수하고 그 에너지들을 억압하지 않으며 그것들을 느끼고 인간적으로 구현하면서 삶으로 돌아오는 자아로 말이다.

게슈티난나의 운명의 사실적 요소는 현대 여성을 위한 하나의 패러다임으로서 문제시 될 수 있다. 여신에 의해 정해진 그녀의 운명은 우리에게 변화의 과정에 대한 믿음을 줄 수 있고, 의식적으로 새로운 심리적인 공간에 기꺼이 살아가는데 도움이 된다. 그리고 우리 가운데 많은 사람들처럼 그녀는 그녀 자신의 운명을 섬기는 것을 선택한다. 여기서 말하는 운명은 고대 수메르인들이 품었던 그 운명이다.

어쩌면 우리는 머지않아 상대방(또는 아니무스)과 더 의식적인 관계를 맺어야 하는 운명을 받아들여야 할 것이다. 수메르인들은 관계의 문제를 의식적인 입장과 무의식적인 입장을 교대로 취하는 것을 통해서 해결하였다: 게슈티난나와 두무지는 다시 만나지 않는다. 그들은 끝없는 순환 속에서 일년에 두 번 스쳐 지나간다. 그리고 우리는 그들의 심리적인 발달에 대한 작은 힌트도, 해가 바뀌면서 쌓이는 지혜에 대한 암시도 얻지 못한다.

우리 현대 여성들은 점점 더 의식으로 향하는 긴 역사를 가지고 있다. 우리는 가부장제 안에서와 지하계에서 우리 세속인의 고투의 결과를 감지할 수 있다. 우리는 융이 말했듯이 "신화를 꿈꾸어야 한다." 우리 상황에 꼭 들어맞는 패러다임은 없다. 우리는 이 고대 설화를 통해서 다시 우리가 어떤 힘을 섬겨야 할 지를 안다. 각자 내려갔다-올라오고 올라갔다-내려오면서 우리 개인의 균형과 발달을 찾을 수 있을 것인가를 알게 된다. 그리고 그것은 계속 경험되고 기록되어야 한다.

요약

하강과 귀환이라는 이난나의 신화소는 두 위대한 여신과 태고의 여성성의 에너지 패턴, 그녀의 파트너들, 그리고 그녀들을 개인적이고 육화된 삶 속으로 데려올 수 있는 개인적 반응의 가능성을 재도입한다. 이 이야기는 건강한 상태의 모델을 제시하며, 위와 아래 사이에 놓인 집단적 이상과 여성성의 전체성 패턴의 기반이 되는 강력하고 대극적이며 변형적이고 단계적인 현실에 있는 쪼개지고 분열된 것들을 치유하는 모형을 보여준다. 신화의 이미지는 이난나와 그 다음에 게슈티난나의 발자취를 따라, 우리가 고통스럽게 체험한 새롭게 돌아온 여신에게로 돌아가는 길로 우리를 안내할 수 있다.

이것이 현대 여성에게 시사하는 바는 다음과 같다: 감정의 전 범위와 심지어 악마적인 범위를 포함하는 어두운 여성성의 객관성을 느끼고 요구한 후에야 여성과 남성 사이에 대등한 존재로서 영혼이 만나는 격정적이고 개별적인 동료 관계가 가능하다. 이난나는 그녀의 어두운 조상이자 자매인 억압된 여성성과 결합했다가 분리된다. 그리고 닌슈부르와 엔키와 두무지의 도움으로 게슈티난나가 나온다. 게슈티난나는 자신의 입장을 유지하며 자신의 가치를 주장하고 자신의 깊이와 직접 관계를 맺을 수 있을뿐만 아니라 남성성과 사랑하는 관계를 맺을 수 있는 하나의 모델이다. 그녀는 인간적 한계 안에서 개인적으로 여신의 전 범위를 기꺼이 견디는 전형이다.

주석

1. Erich Neumann, "On the Moon and Matriarchal Consciousness," in *Fathers and Mothers*, p. 59.

2. Neumann, "Psychological Stages of Feminine Development," p. 96.

3. Adrienne Rich "Reforming the Crystal," in *Poems: Selected and New, 1950-1974*, p. 228.

4. Carolyn G. Heilbrun, *Reinventing Womanhood*, pp. 37-50.

5. Samuel Noah Kramer, *The Sacred Marriage Rite: Aspects of Faith, Myth Ritual in Ancient Sumer*, PP. 108-121; and Diane Wolkstein and Samuel Noah Kramer, *Inanna, Queen of Heaven and Earth, Her Stories and Hymns*.

6. Alexander Heidel, *The Gilgamesh Epic and Old Testament Parallels*, pp. 119-128.

7. Thorkild Jacobsen, *The Treasures Darkness: A History of Mesopotamian Religion*, P. 55.

8. Kramer, *Sacred Marriage Rite*, p. 108.

9. Ibid., p. 112.

10. Wolkstein and Kramer.

11. 예를 들어 Tillie Olsen, *Silences*; Adrienne Rich, *Of Woman Born and Lies, Secrets, and Silences*; Carolyn Heilbrun, *Reinventing Womanhood*;

Dorothy Dinerstein, *The Mermaid and the Minotaur*을 참조. Toni Wolff는 심지어 그녀의 논문 "Structural Forms of the Feminine Psyche"(Zurich, 1946)에서 자신의 분류 Mother, Amazon, Hetaera, Medial woman 를 일자적으로 남성성과 연관지어서 설명한다. 그것은 비록 타당한 내용이지만 그녀가 쓴 것보다 더 내향적으로 그것을 이해하는 것이 필요하다. 즉 어머니 되기, 동반자 되기 그리고 중재자 되기의 용어를 사용해 외부의 남성보다는 우리 자신의 여성성의 깊이로 이해해야 한다.

12. David R. Kingsley, *The Sword and the Flute*; Beverley Zabriskie, *Isis, Ancient Goddess, Modern Woman.*" 을 참조.

13. Samuel Noah Kramer, *From the Poetry of Sumer*, pp. 27ff.

14. Erich Neumann, *The Origins and History of Consciousness*; Edward C. Whitmont, "The Momentum of Man." 을 참조.

15. "Inanna and the Huluppu Tree,"in Wolkstein and Kramer.

16. Jacobsen, p. 623.

17. Heidel, p. 134.

18. 아주 많은 여성의 몸-자아 경험(예를 들어 월경, 성교, 출산 그리고 수유)이 그 안으로 그리고 밖으로 경계선 관통을 수반하기 때문에 영혼은 아마도 여성성으로 여겨진다. 이러한 몸의 경험은 자아의 활동 역량을 키우고 다른 요소가 자아에 영향을 미치는 것에 준비시킨다. 이러한 관통은 신성한 것에 의한 혼의 관통과 유사하다. 다수의 문화에서 숭배자는 신의 신부 혹은 아내로 비유된다. 남성은 라다[Radha] 혹은 그리스도의 신부를 모방할 것과 초인격적인 신에 순종할 것을 권고받는다. 또한 여성은 다수의 문화에서 다른 이를 위해 일상의 식사와 배설하는 기능을 담당해 왔다. 이러한 "하찮은" 활동과 신성한 위와 아래를 수용하는 혼의 주의 깊은 보살핌 사이에는 유사함이 있다.

19. Jean Gebser, "The Foundations of the Aperspective World."

20. C.G. Jung, "The Psychological Aspects of the Kore, " in C.G. Jung and C.

Kerenyi, *Essays on a Science Mythology*, p. 170.

21. 야콥슨은 초기 그녀의 이름이 니난나$^{Ninanna(k)}$였음을 제시한다. "Lady of the Date Cluster" (p. 36).

22. Rodney Collin, *The Theory of Celestal Influence* (New York: Samuel Weiser Inc., 1954)을 참조. 행성 비너스(금성)는 8년 주기로 "성장과 인간의 번식을 주관하기 위해 나타난다"(p. 298). 연구에 따르면 행성의 주기는 주요 곡물 산출량과 상호 관련이 있다(p. 276).

23. Kramer, *Poetry of Sumer*, p. 94.

24. 길가메쉬는 인간으로서 영웅적 도움을 주고 푸꾸^{pukku}와 미꾸^{mikku}를 보답으로 받는다. 푸꾸와 미꾸는 왕의 표상이며 나중에 하계로 떨어져 죽음은 피할 수 없는 운명이라는 앎을 제공한다. (Wolkstein과 Kramer의 "Inanna and the Huluppu Tree." 중 들어가는 말을 참조.

25. Jacobsen, P. 137.

26. Kramer, *Poetry Of Sumer*, p. 88.

27. Ibid., p. 97.

28, Jacobsen, P. 138.

29. Kramer, *Sacred Marriage Rite*, p. 96.

30. Ibid., p. 59.

31. Jacobsen, P. 141.

32. Karl Kerenyi, *Athene: Virgin and Mother*, p. 45.

33. Kerenyi, "Kore" in Jung and Kerenyi, *Science of Mythology*, p. 105.

34. 이난나는 그녀의 두 아들에 대해 다음과 같이 서술한다: 하나는 나에게 찬양의 노래를 부르고/ 나의 손톱을 깎고 나의 머리를 어루만진다." 그리고 하나는 "나의 오른팔이다/그는 나의 지도자다." (Wolkstein and Kramer, pp. 66, 67). 그들은 애인이 아니다. 그리고 그녀는 하강의 시에서 그들이 악마들에 의해 파괴되지 않도록 그들을 확실하게 보호한다. 그녀가 사랑하는 배우자는 두무지이고, 그는 그녀의 아

들이 아니다. 사랑의 시 몇 군데에서 그녀가 두무지를 아들 또는 형제로 언급하는 경우가 있지만, (Kramer, *Sacred Marriage Rite*, P. 96-97) 그러나 이것은 단지 수메르 인들이 정서적인 친밀감과 존경심을 표현하기 위해 친족관계 용어를 사용한 것으로 보인다. 이러한 친족관계의 호칭은 수메르에서 빈번하다. (그리고 우리는 이 사실을 종족 인류학을 통해서도 잘 알고 있다). 또한 이난나는 에레쉬키갈을 "언니"라 칭한다. 이난나는 자기 대신 사랑하는 사람을 희생시킨 자로 우리가 알고 있는 가장 초기의 위대한 여신이다. 그는 해의 왕the year king 이지만 그녀의 아들이 아니다. 그는 여신과 동등하게 만들어진 사랑하는 필멸의 존재이다.(아래 9장 참조)

35. Heidel, pp. 50-52.

36. Kramer, *Poetry of Sumer*, p. 92

37. Ezra 10: 3- 43

38. Michelle Zimbalist Rosaldo and Louise Lamphere, eds., *Woman, Culture, and Society*를 참조

39. Edward C. Whitmont, 진행하고 있는 작품 중.

40. New Yotk Times, 12 August 1980, p. C7.

41. C.G. 융, "The Symbolic Life," in *Collected Works*, V. 18, pars. 630ff 참조.

42. Jacobsen, P. 99.

43. Samuel Noah Kramer, *Sumerian Mythology*, pp. 43-47.

44. Kerenyi, "Kore," in Jung and Kerenyi, *Science of Mythology*, p. 125.

45. "Inanna and the Huluppu Tree," in Wolkstein and Kramer.

46. 위 줄의 야콥슨 번역 또한 마찬가지의 의의를 갖는다: "에레쉬키갈은 쿠르에게 상으로 주어졌다." 그녀는 여왕이 되었다. 하늘과 땅의 분리되면서 쿠르는 그녀의 위대한 거처가 되고 새로운 비옥함의 장소가 되었다.

47. 마찬가지로 엘레우시스의 신비로 들어가는 입문자들은 페르세포네-데메테르에게서 위안을 찾고 그 신비를 통해 영원한 삶의 지식을 얻었다.

48. 가끔 달의 신과 길가메쉬, 그리고 태양의 신과 하계의 형태를 한 두무지까지 그

녀의 재판관으로 합류한다.(Jacobsen, p. 228)

49. Ibid.

50. Heidel, p. 122.

51. Kramer, *Sacred Marriage Rite*, p. 113.

52. Heidel, p. 122.

53. Kingsley, pp. 140-141.

54. Swami Rama et al., *Yoga and Psychotherapy: The Evolution of Consciousness,* pp. 226-231.

55. Kimberley McKell, *The Psychology of the Tantric Chakras.*

56. Marie-Louse von Franz, "The Handless Maiden," in *Problems of the the Feminine in Fairytales*, pp. 70-78.

57. 미국 내에서 우울은 남성보다 두 배에서 여섯 배 정도로 여성에게서 압도적으로 나타난다. Maggie Scarf, *Unfinished Business: Pressure Points in the Lives of Women* (New York: Doubleday, 1980) 이 주제에 대한 비전문가의 평을 참조.

58. Sylvia Perera Massell, "The Scapegoat Complex."

59. Patricia Berry, "The Rape of Demeter/Persephone and Neurosis."

60. Jane Ellen Harrison, *Prolegomena to the Study of Greek Religion,* pp. 8ff.

61. 엔키가 그들에게 가르침을 주어 남타르의 역병 중 하나를 멈추게 했다. (Jacobsen, p. 118).

62. Marie-Louise von Franz, *Shadow and Evil in Fairy Tales*, p. 167.

63. Heidel, p. 129.

64. Jacobsen, p. 229.

65. Dinerstein, *The Mermaid and the Minotaur.*

66. Edward C. Whitmont, "The Momentum of Man."

67. Kramer, *Sacred Marriage Rite*, p. 114.

68. C.G. Jung, "Psychological Commentary on Kundalini Yoga" (Lecture 1, Oct. 1932), in *Spring* 1975, p. 2.

69. 그녀의 글에서 "융합merging이라는 단어가 관련됨reladedness보다 더 적절하기는 하지만 린다 피에르츠 데이비드Linda Fierz-David의 말은 이난나에게 적절하게 적용된다. "관련됨의 원리에 따라 살아가는 것, 자기 스스로에게 그리고 다른 사람과 얽혀 사는 것은 천성적으로 모든 여성에게 필요하다. ... 그러나 자신의 영혼soul의 대가로 관련됨을 얻는 순간, 여성들이 자신들을 둘러 싼 세계로 너무 과도하게 흘러넘치는 순간, 강력한 반대 기류가 그녀들 안에 일어난다. ... 영spirit이 그들에게 죽음으로서 나타나 ... 과하게 짊어진 삶에 대항하여 가장 높은 가치로서 자신을 드러낸다. ... 영spirit과 자기 자신의 관계를 찾기 위해 자신 안에 모든 구속을 찢어버리고 세상에서의 모든 관계를 포기해야 한다는 무서운 필요성을 그들에게 알린다. ... 그들은 반드시 어둠 속으로 대담하게 뛰어들어야 한다. ... 여성은 영spirit의 왕국의 차가운 숨으로, 자기 자신의 차가움을 경험해야한다. ... 자연에 속박된 상태인 관련됨의 강박으로부터 자신들을 해방하기 [위해서]" ("Psychological Reflections of the Fresco Series Of the Villa of the Mysteries in Pompeii, pp.93-97).

70. Von Franz, *Shadow and Evil*, p. 169.

74. Kramer, *Sacred Marriage Rite*, p. 116.

75. Jacobsen, p. 58.

76. Kramer, *Sacred Marriage Rite*, p. 116,

77. Gertrude Ujhely, "Thougts Concerning the *Causa Finalis* of the Cognitive Mode Inherent in the Pre-Oedipal Psychopathology." Dorothee Soelle, *Suffering*, Everett R. Kalen 번역 (Philadelphia: Fortress Press, 1975)도 참조.

78. Penelope Washbourne, ed., *Seasons of Women*, p. 52.

79. Margaret W. Masson in "The Typology of the Female as a Model for the Regenerate: Puritan Preaching, 1960-1730," p. 312. 인용.

80. Gerard Manley Hopkins, *Poems and Prose of Gerard Manley Hopkins*, ed. W. H. Gardner (London, 1953), p. 61.

81. Esther Harding, *Woman Mysteries*, p. 84.

82. Ibid., pp. 135ff.

83. 남성에게도 물론 이러한 능력이 있으며, 꿈 속에서 아니무스 형상이 더 여성적인 양으로 묘사될 때도 종종 있다. 둘 모두 타당하고 두 성 모두에게 필요하다.

84. T.-W. Danzell; Erich Neumann의 *The Great Mother*에서 인용됨 p. 197.

85. 두 여신의 분열은 폴 맥린Paul MacLean과 다른 사람들에 의해 최근에야 과학적으로 확증된 뇌의 기능인 고대의 직관적인 지식을 생각하게 한다. (Mary Long, "Ritual and Deceit," in *Science Digest*, Nov/Dec 1980, pp. 87-121.) 원시 파충류의 뇌는 자기-보존, 폭력적인 공격, 우세 그리고 반복적 전시 행위를 의례적으로 책임지며 수메르인들이 에레쉬키갈의 모습과 결부시키는 행동양식과 비슷한 부분이 있다. 전두엽 신피질prefontal neocortex의 과정을 가진 변연계 뇌limbic brain는 종족을 보존하는 기능 — 양육, 공감, 사회적 유대 — 을 한다. 이것은 이난나와 결부된 행동과 대략 비슷한 데가 있다.

86. Penelope Shuttle and Peter Redgrove, *The Wise Wound: Eve's Curse and Everywoman*.

87. Karen Elias-Button, "The Dark Mother in Contemporary Women's Poetry", in *Anima, An Experiential Journal*, vol. 4, no. 2, p. 8.

88. Rich, *Poems*, p. 193.

89. 남성성의 발달에서 가장 큰 차이는 최근까지, 그리고 흔히 삶의 후반기에 대부분의 남성이 억압된 깊이로 내려갈 필요가 없었다는 것이다. 그 이유는 그들이 일단 유년기를 벗어나면 문화의 이상과 동일시되어 내적 부조화 없이 외부 세계의 지지를 받았기 때문이다. 남성의 자아 발달의 모델이 될만한 집단적으로 승인된 적절한 전체성의 패턴이 없고 또 영웅적 자아-이상 또한 적절하지 못한 것으로 드러나기 때문에 점점 더 많은 남성은 자신의 깊이와 다른 식으로 관계를 맺도록 압박을 받

으며, 억압된 본능과 이미지 패턴을 되찾기 위해 그들에게 허용된 개별적인 하강을 대담하게 감행한다.

90. Heidel, pp. 122-123.

91. Kramer, *Sacred Marriage Rite*, p. 113.

92. Jacobsen, p. 95.

93. Ibid., p. 110.

94. 신 안An은 땅 위 황소가 칠 년 동안 이어질 기근을 일으킬 것이라고 알린다.(Heidel, p. 53) 이슈타르와 그녀의 숭배자들은 길가메쉬와 엔키두가 자연의 힘에 대항하는 그들의 필멸의 힘을 요구하면서 그 황소를 살해할 때 그것의 죽음을 애도한다. (ibid., p. 54)

95. Jacobsen, p. 98.

96. Ibid., p. 99.

97. Kereny, "Kore" in Jung and Kereni, *Science of Mythology*, p. 139.

98. Kramer, *Sacred Marriage Rite*, p. 114.

99. Mircea Eliade, "Terra Matter and Cosmic Hierogamies", in *Spring*, 1955. p. 35.

100. Ibid., p. 38.

101. Ibid., p. 39.

102. Neumann, *Great Mother*, pp. 192-194.

103. Eliade, "Terra Matter", p. 39.

104. 이것은 악마에 지배당한 채 하계에서 다시 태어나 떠오르는 이난나와 유사하다. (아래 9장 참조)

105. Kramer, *Sacred Marriage Rite*, pp. 69-70. 정통적인 융 분석심리학자의 이론에 따르면 아버지 대신 형제와 이러한 수용이 통용된다는 것은 논쟁거리가 될 것이지만, 이것은 아마도 일종의 현혹일 것이다. 형제의 아니무스는 그 여성의 필요에 의해 받아들여진 것일 수 있고 아니면 어머니의 아니무스의 대변인으로 작용할 수

있다(Patricia Finley, 개인적 의사 소통). 이난나의 시에서 그녀의 어머니 닌갈은 그녀에게 두무지와 결혼할 것을 권고한다. 엔키의 딸로 일컬어지는 닌갈은 그래서 두무지와 친족관계이다. 그녀와 우투는 이난나에게 양치기를 배우자로 맞이할 것을 권고한다.(ibid., p. 76).

106. Jung, "The Dual Mother," in Collected Works, vol. 5 , pars. 464-612.

107. Jung, *The Visions Seminars*, pp. 118-119.

108. Jung, *Collected Works*, vol. 14, par. 43, n. 66.

109. Ibid., par. 43.

110. Ibid., ar. 44 , n. 72.

111. 내가 알기로 수메르-아카디아인의 자료에는 그러한 에너지와 의식 중앙이 언급되는 부분은 없지만, 세심하게 순서 매겨진 의복에서 그러한 해석이 설득력 있다고 확신한다. 그리고 조셉 캠벨은 그의 강의에서 바빌로니아인의 구데아Gudea 물잔 (ca. 2000 B.C.) 위에 있는 두 마리 뱀의 일곱 겹의 꼬임이 아마 쿤달리니와 그 차크라를 상징하는 것인지도 모른다고 말했다.

112. Neumann, *Great Mother*, p. 160.

113. Ibid. 이집트의 여성 문지기에 대한 서술은 이집트인의 죽음의 서(Egyptian Book of the Death) 147장을 참조.

114. S.P. Mason, *A History the Sciences*을 참조.

115. 아풀레이우스Apuleius는 이시스의 신비로 들어가는 로마인인 그의 입문을 다음과 같이 서술한다•. "나는 죽음의 한계에 접근한다. 나는 프로세르피나의 문지방을 밟고서 모든 요소들을 통과해 돌아온다. 한밤중 나는 밝게 빛나는 태양을 본다. 나는 위의 신들과 아래의 신들과 함께 있었다."

116. Wolkstein and Kramer. 117. Ibid.

117. Ibid.

118. Jacobsen, pp. 124-125.

119. 같은 단어가 세 가지 모두에 사용됨. (ibid., p. 111).

120. Elizabeth Williams Forte, *Ancient Near Eastern Seals*, nos. 39, 41.

121. James Hillman writing of Tiresias in *The Myth of Analysis*, P. 280.

122. McKell, pp. 208ff.

123. Jacobsen, p. 111.

124. 학자들은 엔키를 붉은 색과 수메르에 연관짓는다. (Forte, no. 37, n.).

125. Kramer, *Sacred Marriage Rite*, pp. 166-167.

126. Wolkstein and Kramer.

127. Ibid.

128. Edward C. Whitmont, "The Magic Dimension of Consciousness and Ujhely.

129. Kramer, *Sacred Marriage Rite*, p. 116.

130. Ibid.

131. 심리의 이러한 깊은 층을 편안하게 여기지 못하는 남성 치료사들의 문제 가운데 하나는 —여성성에 뒤덮인 느낌을 받고 여성성의 수준이 무엇인지를 이해하지 못 할 때 —그가 친근함을 성적인 것으로 인식한다는 것이다. 특히 전이가 다수의 형태를 지니고 에로틱해질 때 그러하다. 여성에게 (미분화된, 생식기적인 에로틱한 방식의 태고의 친밀함에 대한 그녀의 욕구에 대한) 남성 치료사의 해석이나 육체적 반응은 일종의 배신으로 다가올 수 있다. 그것은 그녀가 나중에 알게 될지도 모르지만, 그녀가 필요로 하는 것이 아니다.

132. Jung, *Collected Works*, vol. 9, pt, II, par. 339.

133. Jung, *Visions Seminars*, p. 91.

134. Jung, "The Symbolic Life," in *Collected Works*, vol. 18, par. 631.

135. Wolkstein and Kramer.

136. 노이만이 말하길: "쾌락의 대상으로 모욕당하고 오용되어 온 여성성은 그 때문에 남성을 향한 모성적 적의로 퇴행함으로써 스스로에게 복수를 한다. ("Psychological Stages of Feminine Development," p. 86). 그의 관점은 부성적

이고 오직 적대적인 입장을 기반 삼는다. 그것은 이난나의 귀환과 현대 여성의 어둠의 여신으로의 하강에 내재된 더 큰 쟁점을 거의 알아차리지 못한다.

137. Kramer, *Sacred Marriage Rite*, p, 105,

138. Ibid., p. 156, n. 25.

139. Jacobsen, pp. 26-27.

140. Ibid., p. 26.

141. Kramer, *Sacred Marriage Rite*, pp. 81, 59; Jacobsen, p.46.

142. Kramer, *Sacred Marriage Rite*, p. 118.

143. Ibid., p. 119.

144. Wolkstein and Kramer.

145. Kramer, *Sacred Marriage Rite*, p. 119.

146. Jacobsen, pp. 49—52.

147. Wolkstein and Kramer.

148. Kramer, *Sacred Marriage Rite*, p. 128.

149. Ibid., pp. 63ff, 92, 100.

150. Ibid., p. 122.

151. Jacobsen, pp. 27—28.

152. Ibid., p. 62.

153. Ibid., p. 27.

154. James Hillman, "On Psychological Femininity," in *Myth of Analysis*, pp. 215-298.

참고문헌

Berry, Patricia. "The Rape of Demeter/Persephone and Neurosis." *Spring 1975.*

Christ, Carol P., and Plaskow, Judith, eds. *Womanspirit Rising, A Feminist Reader in Religion.* San Francisco: Harper & Row, 1979.

De Nicolas, Antonio T. *Meditations through the Rig-Veda: Four-Dimensional Man.* Boulder and London: Shambhala, 1978.

Campbell, Joseph. *Myths to Live By.* New York: Viking Press, 1972.

Dinerstein, Dorothy. *The Mermaid and the Minotaur: Sexual Arrangements and Human Malaise.* New York: Harper & Row, 1977.

Fierz—David, Linda. "Psychological Reflections on the Fresco Series of the Villa of the Mysteries in Pompeii." Mimeographed. Zurich, 1957.

Forte, Elizabeth Williams. *Ancient Near Eastern Seals: A Selection of Stamp and Cylinder Seals from the Collection of Mrs. William H. Moore.* New York: Metropolitan Museum of Art, 1976.

Gebser, Jean. "The Foundations of the Aperspective World." Extracts in *Main Currents of Modem Thought,* vol. 29 (1972) no. 2; vol. 30 (1973), no. 3.

Guntrip, Harry. *Schizoid Phenomena, Object Relations, and the Self.* New York: International Universities Press, 1969.

Harding, M. Esther. *Woman's Mysteries,* Ancient and Modern. New York: Harper & Row, 1976.

Harrison, Jane Ellen. *Prolegomena to the Study of Greek Religion*. Cambridge: Cambridge University Press, 1922.

Heidel, Alexander. *The Gilgamesh Epic and Old Testament Parallels*. Chicago: University of Chicago Press, 1946.

Heilbrun, Carolyn G. *Reinventing Womanhood*. New York: W.W. Norton & Co., 1979.

Hillman, James. *The Myth of Analysis: Three Essays in Archetypal Psychology*. Evanston: Northwestern University Press, 1972.

Jacobsen, Thorkild. *The Treasures of Darkness: A History of Mesopotamian Religion*. New Haven: Yale University Press, 1976.

Jung, C.G. *The Collected Works* (Bollingen Series XX). 20 vols., R.F.C. Hull, ed. H. Read, M. Fordham, G. Adler, Wm. McGuire. Princeton: Princeton University Press, 1953—1979.

_____ . *The Visions Seminars* (1930—34). 2 vols. Zurich: Spring Publications, 1976.

_____ , and Kerenyi, C. *Essays on a Science of Mythology: The Myth of the Divine Child and the Mysteries of Eleusis*. New York: Harper & Row, 1949·

Kerenyi, Karl. *Athene, Virgin and Mother*. Zurich: Spring Publications, 1978.

Kingsley, David R. *The Sword and the Flute: Kali and Krsna, Dark Visions Of the Terrible and the Sublime in Hindu Mythology*. Berkeley: University of California Press, 1975.

Kohut, Heinz. *The Analysis of Self*. New York: International Universities Press, 1971.

Kramer, Samuel Noah. *From the Poetry of Sumer: Creation, Glorification, Adoration*. Berkeley: University of California Press, 1979.

_____ . *The Sacred Marriage Rite: Aspects of Faith, Myth, and Ritual in*

Sumer. Bloomington: Indiana University Press, 1969.

_____ . *Sumerian Mythology: A Study of Spiritual and Literary Achievement in the Third Millenium B.C.* New York: Harper & Row, 1961.

Mason, S.P. A *History of the Sciences*. New York: Collier, rev. ed., 1962.

Massell, Sylvia Perera. "The Scapegoat Complex." *Quadrant*, vol. 12 (1979), no. 2.

Alasson, Margaret W. "The Typology of the Female as a Model for the Regenerate: Puritan Preaching, 1690—1730." *Signs, Journal of Women in Culture and Society*, vol. 2 (1976), no. 2.

McKell, Kimberley. *The Psychology of the Tantric Chakras*. University Microfilms International

Neumann, Erich. *The Great Mother: An Analysis of the Archetype*. Princeton: Princeton University Press, 1955.

_____ . "On the Moon and Matriarchal Consciousness." *Fathers and Mothers: Five Papers on the Archetypal Background of Family Psychology*. Zurich: Spring Publications, 1973.

_____ . *The Origins and History of Consciousness*. Princeton: Princeton University Press, 1970.

_____ . "Psychological Stages of Feminine Development." *Spring 1959*.

Olsen, Tillie. *Silences*. New York: Delta/Seymour Lawrence, 1979.

Rama, Swami; Ballentine, Rudolph; and Ajaya, Swami. *Yoga and Psychotherapy: The Evolution of Consciousness*. Honesdale, Pa.: The Himalayan Institute, 1976.

Rich, Adrienne. *On Lies, Secrets, and Silences: Selected Prose, 1966—1978*. New York: W.W. Norton & co., 1979.

_____ . *Poems: Selected and New, 1950—1974*. New York: W.W. Norton & Co., 1974.

. *Of Woman Born: Motherhood as Experience and Institution*. New York : W.W. Norton & co., 1976.

Rosaldo, Michelle Zimbalist, and Lamphere, Louise, eds. *Woman, Culture, and Society*. Stanford: Stanford University Press, 1974.

Shuttle, Penelope, and Redgrove, Peter. *The Wise Wound: Eve's Curse and Everywoman*. New York: Richard Marek Publishers, 1978.

Ujhely, Gertrude. "Thoughts Concerning the *Causa Finalis* of the Cognitive Mode Inherent in Pre—Oedipal Psychopathology." Diploma Thesis. C.G. Jung Training Center. New York, 1980.

Von Franz, Marie—Louise. *Problems of the Feminine in Fairytales*. Zurich: Spring Publications, 1972.

　　　　　　. *The Psychological Meaning of Redemption Motifs in Fairytales*. Toronto: Inner City Books, 1980.

　　　　　　. *Shadow and Evil in Fairytales*. Zurich: Spring Publications, 1974.

Washbourne, Penelope, ed. *Seasons of Woman: Song, Poetry, Ritual, Prayer, Myth, Story*. San Francisco: Harper & Row, 1979.

Whitmont, Edward C. "The Magic Dimension of Consciousness." *Spring 1956*.

"The Momentum of Man: The Cultural Evolution of the Masculine Feminine." *Quadrant*, vol. 9 (1976), no. 1.

Wolkstein, Diane, and Kramer, Samuel Noah. *Inanna, Queen of Earth: Her Stories and Hymns*, Forthcoming.

Woodman, Marion. *The Owl Was a Baker's Daughter: Obesity, Anorexia Nervosa, and the Repressed Feminine*. Toronto: Inner City Books, 1980.

Zabriskie, Beverley. "Isis, Ancient Goddess, Modern Woman." C.G. Jung Training Center, New York, 1980.

찾아보기

ㄱ

가부장제 11, 12, 15, 16, 21, 25, 26, 28, 30, 34, 40, 58, 62, 71, 82, 106, 119, 122, 125

가부장제의 딸 16, 26, 28

가학적 성욕 51

감상적 27, 59, 111, 112

강간 29, 30, 31, 36, 40, 68, 71, 73

개성화 11, 43, 122, 125

객관성 41, 44, 46, 59, 98, 126

게슈티난나 15, 116, 118, 119, 120-126

겝서, 장 20

경계 22, 23, 25, 33, 39, 78, 96, 98-100, 128

경계 영역 22, 23, 98

고르곤 18, 31, 45, 47, 77

공감 11, 14, 37, 61, 68, 71, 92, 93, 95, 96, 97, 99-102, 112

공생 65, 98

공유 66, 67, 99, 102, 118

과시행위 82

구갈안나 14, 30, 53, 54, 70, 71

그리스도 28, 29, 52, 63, 108, 114, 122

그림자 38, 57, 61, 64, 67, 68, 71, 72, 89, 105, 125

근친상간 64-67, 73, 121

기독교, 기독교인 27, 28, 53

길가메쉬 71

ㄴ

난나신 30, 71, 88, 89

남근 51, 53-59, 83

남무 18

남타르 34, 131

내향 36, 38, 63, 69, 73, 78, 108

네르갈 31, 40

네티 44

노이만, 에릭 11, 74, 84

니그레도 81

니나주 31

닌갈 89

닌릴 29, 30, 71

닌슈부르 13, 14, 86, 87, 88, 109, 118, 120, 126

닌후르사그 92

ㄷ

다이아나 54

대극 45, 57, 60, 61, 62, 64, 76, 95, 118, 119, 126

대면 122

대장염 35

데메테르 16, 18, 22, 130

동성애 60

두무지 15, 24, 70, 76, 77, 90, 106-126

디오니소스 43, 125

ㄹ

로고스 33, 40, 45, 115

리치, 아드리엔 11

ㅁ

마리아 17

막대기 51

말뚝 14, 28, 31, 5-57, 68

매더, 코튼 49

먼지 32

메(me) 23, 92

메두사 62

메르쿠리우스 92

목격 66, 68, 71, 73, 82, 87, 88, 96, 102, 103

무기력 93

무력 36, 37, 50, 55, 72

물라다라 33-35, 43, 46, 84, 94, 124

ㅂ

바가바드-기타 83

반영 17, 63, 95, 96, 97, 101, 110

발린트, 마이클 78

배열 16, 66, 100, 102, 123

뱀 15, 57, 99, 113-115

베일 44

분석적(치료적) 용기 66

브래드스트리트, 앤 49

비너스 129

ㅅ

섹스턴, 앤 64

순환 21, 30, 31, 45, 49, 61, 62, 63, 65, 68, 109, 117, 121, 124, 125
신비적 융합 43, 83, 98, 101
신성한 결혼 24, 90, 109, 117

ㅇ
아니마 90, 113, 116, 123
아니무스 16, 17, 21, 32, 35, 36, 38, 44, 46, 54-56, 58, 59, 60, 65, 66, 72, 77-79, 82, 108, 116, 123-125
아니무스-자아 16, 17, 21, 35
아르테미스 23, 25
아버지의 딸 11, 67, 72, 73, 82, 90, 105, 108, 121
아벨 108
아테나 18, 23, 25, 47, 62, 77, 82
아프로디테 18, 24, 45, 57, 62, 103, 110
안 (신) 30, 70
야콥슨 109
양(陽) 50, 54, 55, 58, 73
억압된 11, 21, 62, 71, 105, 126
에너지의 교환 75
에로스 56
엔릴 14, 25, 26, 29, 30, 71, 88, 90
엔키 14, 37, 68, 76, 86, 88, 89, 92- 96,
100, 101, 103, 108, 115, 120, 122, 126
엘레우시스 신비 83
엘리아데 74
여성주의 17
역설 30, 31, 42, 44, 46, 80, 84
역전이 66, 79, 82, 98, 100
영원한 소녀(puella) 38
영원한 소년(puer) 90
오딘 63
옷 벗기 81, 82
우라니아 18
우로보로스 11, 61, 65, 69, 99
우울 35, 36, 42, 53, 62, 73, 93, 101, 111
우투 15, 90, 114, 115, 121
원질료 95
월경 33, 49, 53, 62
위대한 순환 29-31, 40, 75-78, 95, 114
융 17, 20, 43, 66, 69, 75, 78, 80, 81, 98, 99, 103, 125
음(陰) 35, 48, 54, 103
이슈타르 13, 19, 26, 54, 70, 71, 84, 134
이시스 17, 51, 135
이자나미 13
임신 33, 51, 53, 54, 63, 93
입문자 18, 45, 66, 83, 103, 104, 107, 111, 115

ㅈ

자기(Self) 11, 17, 20, 43, 46, 62, 66, 68, 69
자기주장 36
자아이상 21, 37, 38, 59, 61, 68, 102
자아자기 16
전이 47, 65, 102
절단 21
정신질환 69
제우스 29
죽음-결혼 73, 83
죽음의 눈 15, 41-43, 47, 81, 105, 110
직관 34, 59, 98

ㅊ

차크라 33, 34, 41, 43, 84, 93
출산 14, 38, 49, 54, 112
친밀 31, 64, 98, 107, 118

ㅋ

칼리 16, 17, 33, 45, 62
칼리-두르가 62
케리드웬 22
코레 13, 16

쿠르 18, 24, 29, 93, 95
쿤달리니 84
크레이머 15, 18

ㅌ

탄트라 35, 41
탐무즈 15, 70
태고의 12, 30, 31, 32, 36, 37, 50, 126
태곳적 19, 37, 39, 100
퇴행 20, 21, 38, 63, 78
투사 17, 25, 27, 67, 80, 82, 88, 89, 98

ㅍ

파르바티 50
팽창 78, 96
페르세포네 13, 31, 103
페르조나 16, 17, 21, 59, 82
포세이돈 92

ㅎ

하딩, 에스더 25
합일 56
해벅, 준 28

헤라 76

황소 30, 53, 70, 71-73, 75, 89

희생양 29, 74, 75, 105, 106, 111, 116, 117, 122

용어해설

감정(feeling): 인간의 네 가지 심리적 기능 가운데 하나이다. 감정은 관계성과 상황의 가치를 평가하는 합리적 기능이다. 감정은 활성화된 콤플렉스에서 비롯된 정동(emotion)과 반드시 구별되어야 한다.

개성화(individuation): 한 사람이 그의 강점과 한계를 포함하여 그 자신의 독특한 정신적 실재(reality)를 의식적으로 실현하는 것이다. 개성화는 자기가 정신을 조절하는 중심으로 체험하게 한다.

그림자(shadow): 한 사람의 성격이나 태도의 긍정적이거나 부정적으로 나타나는 인격의 무의식적 부분으로 의식의 자아는 거부하거나 무시하려고 한다. 그림자는 꿈에서 꿈꾼 이와 같은 성(性)의 인물로 의인화된다. 자신의 그림자를 의식적으로 동일시하면 흔히 에너지의 증가를 가져온다.

배열(constellate): 어떤 사람이나 상황에 대해서 강한 정동적 반응이 생기면, 그에 따라서 무의식은 활성화되는데, 그것을 배열이라고 한다.

상징(symbol): 본질적으로 잘 알려져 있지 않은 어떤 것을 표현하는 가장 좋은 수단이다. 상징적 사고는 오른쪽 뇌 지향적이고, 직선적이지 않다. 이것은 논리적이고, 직선적이며, 왼쪽 뇌 지향적인 사고를 보충한다.

세넥스(노인): 나이를 먹으면서 생기는 태도와 관련된다. 부정적으로는 경직성, 풍자주의, 심한 보수성 등이고, 긍정적으로는 책임감, 질서, 자제(自制) 등이다. 균형이 잘 잡힌 사람들은 뿌에르-세넥스 극 사이에서 적절한 균형을 유지하면서 산다.

신비적 융합(participation mystique): 오랫동안의 강한 무의식적 결속에서 비롯된, 사람들 사이나 대상과의 원시적이고, 심리적인 연계성을 가리키는 용어로 인류학자 레비-브륄로부터 왔다.

아니마(anima, 영어로 "soul"): 남성의 인격에 있는 무의식의 여성적 측면이다. 그녀는 꿈에서 창녀나 유혹자로부터 영적 안내자(지혜) 등의 이미지까지 광범위하게 의인화 되어 나타난다. 그녀는 에로스 원리(eros principle)인데, 한 사람의 아니마 발달은 그가 여성들과 맺는 관계 양상에 따라 달라진다. 아니마와의 동일시는 무드에 잠기는 것이나 여성적으로 되는 것 또는 지나친 예민성 등으로 나타날 수 있다. 융은 아니마를 삶 자체의 원형이라고 부른다.

아니무스(animus, 영어로 "spirit"): 여성의 인격에 있는 무의식의 남성적 측면이다. 그는 로고스 원리(logos principle)을 의인화한다. 아니무스와의 동일시는 어떤 여성이 경직되거나 고집이 세거나 논쟁적으로 되게 한다. 좀 더 긍정적인 것으로, 그는 여성의 자아와 무의식에 있는 그녀 자신의 창조적 원천 사이에서 다리처럼 작용하게 하는 내면의 남성이다.

연상(association): 어떤 특정한 생각 주위에 무의식의 연관에 따라서 그와 관계되는 생각들과 이미지들이 즉각적으로 흘러나오는 것이다.

영원한 소녀(puella aeternae): 영원한 소녀는 보통 무의식적으로 아버지에게 집착하여 청소년기의 심리에 너무 오래 머물러 있는 유형의 여성을 가리킨다. 그녀의 남성적 짝은 아버지-세계에 고착되어 있는 "영원한 소년"이다.

우로보로스(uroboros): 자신의 꼬리를 입에 물고 있는 신비한 뱀이나 용이다. 우로보로스는 독립적이고, 순환적인 과정을 나타내는 개성화를 나타내기도 하고, 동시에 자기애적인 자기-도취를 나타내는 상징이다.

원형(archetype): 그 자체로는 잘 표현될 수 없지만, 의식에서 원형적 이미지들과 생각들로 나타나서 그 존재를 알 수 있다. 원형은 집단적 무의식으로부터 오는 보편적 유형과 모티프들이고, 종교, 신화, 전설, 요정담 등의 기본적 내용을 구성하고 있다. 한 개인에게는 꿈과 비전 등을 통해서 드러난다.

자기(Self): 인격의 조절하는 중심과 전일성의 원형이다. 자기는 자아를 초월하는 힘, 즉 신으로 체험된다.

자아(ego): 의식의 장(場)에 있는 중심적인 콤플렉스이다. 강한 자아는 그를 사로잡으려고 하는 활성화된 무의식의 내용들(즉 다른 콤플렉스들)과 동일시하지 않고, 객관적인 관계를 맺을 수 있다.

전이와 역전이(transference-countertransference): 투사의 특별한 경우로서 보통 분석적이거나 치료적 관계에서 치료자와 환자 사이에서 생기는 무의식적이고, 정동적 결속을 묘사하는 용어이다.

직관(intuition): 인간의 네 가지 심리적 기능 가운데 하나이다. 직관은 우리에게 현재 내재해 있는 가능성을 말해주는 비합리적인 기능이다. 감각(신체 감각을 통해서 즉각적으로 현실을 지각하는 기능)과 달리 직관은 무의식을 통해서, 즉 어디에서 오는지 알 수 없는 통찰의 섬광을 통해서 지각한다.

초월적 기능(transcendent function): 갈등을 일으키는 대극들로 인한 긴장이 있고, 그것들이 의식적으로 분화된 다음 무의식으로부터 상징이나 새로운 태도가 나타나서 그 갈등을 화해시키는 "제3의" 것을 만드는 기능이다.

콤플렉스(complex): 정동적으로 채워진 생각들이나 이미지들의 군집. 콤플렉스의 "중심"에는 원형이나 원형적 이미지가 있다.

투사(projection): 한 사람의 무의식적 특성이나 성격이 외부에 있는 대상이나 사람 안에서 지각되고, 반응되는 과정이다. 아니마나 아니무스가 실제의 여성들이나 남성에게 투사되면 그 대상과 사랑에 빠지는 일이 생긴다. 그러나 그런 기대의 좌절은 다른 사람과 실제적인 관계를 맺기 위하여 투사를 거둬들일 필요가 있다는 사실을 가리킨다.

팽창(inflation): 한 사람에게 비현실적으로 높거나 낮은(부정적 팽창) 정체성을 가지게 하는 상태이다. 팽창은 의식이 무의식으로 퇴행된 것을 가리키며, 자아가 무의식의 내용들을 너무 많이 지니고 있고, 분별(discrimination) 기능을 상실할 때 전형적으로 일어난다.

페르조나(persona, 배우가 쓰는 가면): 사회의 기대와 어릴 때부터의 훈련에서 유래한 한 사람의 사회적 역할이다. 자아가 강할 때, 사람들은 융통성 있는 페르조나를 통하여 외부 세계와 관계한다. 특정한 페르조나(의사, 학자, 예술가 등)와의 동일시는 그의 정신적 발달을 방해한다.

달을 긷는 우물 도서 안내

1. C.G. 융과 정신치료, E. G. Humbert/김성민.
2. 분석심리학과 상징적 추구, E. C. Whitmont/김성민.
3. C. G. 융과 여성의 심리, M. E. Harding/김유빈.
4. 정신치료와 입문의례, P. Solié/김성민.
5. 노인원형과 소년 원형, J. Hillman/김성민.
6. 전이 역전이와 분석심리학, W. Steinberg/김성민.
7. 분석심리학과 희생제의, P. Solié/김성민.
8. 기독교영성의 추구와 분석심리학, 김성민 지음.
9. 자기애성 성격장애의 치료와 분석심리학, N. Schwartz-Salant/김성민.
10. 섭식장애의 치료와 분석심리학, M. Woodman/김성민.
11. 마이클 포댐, 새로운 분석심리학, J. Astor/이세형.
12. 아버지와 부성 콤플렉스, A. Samuels/김유빈.
13. 무의식의 의식화와 인간, E. Humbert/김성민.
14. 여성의 완벽주의와 치료, M. Woodman/김성민.
15. 변화하는 세계에서 새로운 의미의 추구, R. Daniel/김성민.
16. 상징과 성서, P. Diel/김성민.
17. 동시성, 과학, 영혼 만들기, V. Mansfield/이세형.
18. 증강된 삶, S. Callegari/김유빈.
19. 동기부여의 심리학, P. Diel/김성민.
20. "신의 황혼"의 시대와 새로운 신의 추구, 김성민 지음.
21. 통과의례, A. van Gennep/김성민.

22. 공포와 불안의 심리학, P. Diel/김성민.
23. 구원의 여신 이난나, S. B. Perera/김유빈.
24. 융, 자기를 찾는 여행, F. Lenoir/김성민(근간).
25. 성서와 꿈, M. Stein/김형진(근간).
26. 여성의 영원한 모습, N. Qualls-Corbett/정지련(근간).
27. C. G. 융과 영혼의 심층, Y. Tardan-Masquelier/김성민(근간).
28. 야콥 뵈메의 생애와 사상, A. von Frankenberg 등/김성민(근간).